唐宋八大家故事集

一代才臣 苏洵

主编：东方慧子

参编：徐　敏　乔柏梁　司俊平

杨雪姣　唐卓琦　侯懿净

浓缩八大家风雨人生

风雅与深情　旷达与忧伤

天下雄文　品鉴不朽华篇

青少年心灵成长阅读精品

WUHAN UNIVERSITY PRESS

武汉大学出版社

图书在版编目(CIP)数据

一代才臣苏洵/东方慧子主编.—武汉:武汉大学出版社,2015.7(2021.10重印)
唐宋八大家故事集
ISBN 978-7-307-16291-4

Ⅰ.一… Ⅱ.东… Ⅲ.苏洵(1009~1066)—生平事迹 Ⅳ.K825.6

中国版本图书馆CIP数据核字(2015)第148287号

责任编辑:聂勇军　　责任校对:汪欣怡　　版式设计:马　佳

出版发行:**武汉大学出版社**　(430072　武昌　珞珈山)
(电子邮箱:cbs22@whu.edu.cn　网址:www.wdp.com.cn)
印刷:湖北恒泰印务有限公司
开本:720×1000　1/16　印张:8.25　字数:88千字
版次:2015年7月第1版　　2021年10月第7次印刷
ISBN 978-7-307-16291-4　　定价:20.00元

苏洵（1009—1066）

苏洵，字明允，自号老泉，眉州眉山（今属四川眉山）人。北宋文学家，与其子苏轼、苏辙并以文学著称于世，世称“三苏”，均入“唐宋八大家”之列。

据说二十七岁苏洵才发愤读书，经过十多年的闭门苦读，学业大进。

苏洵精于古文写作，尤长于策论，主张“言必中当世之过”。其文见解精辟，论点鲜明，论据有力，语言锋利，雄奇遒劲，很有战国纵横家的风度。

著有《嘉祐集》二十卷，及《谥法》三卷。

前　言

“唐宋八大家”是唐宋时期八大散文作家的合称，指的是唐代的韩愈、柳宗元和宋代的欧阳修、苏洵、苏轼、苏辙、王安石、曾巩八位文学巨擘。在明初，朱右最初把这八个作家的文章编选在了一本书中刊行，名为《八先生文集》，后来，唐顺之在《文编》一书中也选用了这八个人的文章。之后明朝古文家茅坤对前人的文章进行了整理和编选，最后取名为《唐宋八大家文钞》，共一百六十卷，“唐宋八大家”从此得名。

“唐宋八大家”闻名于世，他们的一生充满了传奇色彩。韩愈和柳宗元有着特殊的地位，他们是古文运动的倡导者，在中国文学史上有着非常巨大的贡献。欧阳修是一个文学奇才，他的创作非常丰富，是宋朝第一个在散文、诗、词各方面都有很高成就的作家。苏洵抱济世之学，他在政绩上没有什么辉煌的成就，为文却耀眼夺目，其文不屑蹈袭前人的旧踪，能够据前人皆知的史实，挖掘出新颖独到的见解。

苏东坡是中国文学艺术史上罕见的全才，也是中国数千年历史上被公认为文学艺术造诣最杰出的大家之一，但他仕途失意，屡遭贬谪，一生坎坷。

苏辙与其父、兄合称“三苏”，他创作出了数量可观的政论和史论。虽然他的才气不如其兄苏轼，但他的文章于冲和淡泊中蕴蓄着沉雄雅健之势，也有着很高的艺术造诣。

王安石一生脚踏实地，做过很多小官，如知县、通判、太守等，后来当了宰相。他是一个有勇气、有担当的男人，敢于打破陈规陋习。王安石变法对后世的影响非常深远，但是，也有人评价其变法是一场社会灾难。是非功过，千秋之后犹难论定。

曾巩“家世为儒”，幼时读诗书，脱口能吟诵。当官后，为政廉洁奉公，勤于政事，关心民生疾苦。综观曾巩一生，历任州郡官吏十几年，在京师做官的时间不多，整理古籍、编校史书，也很有成就。

他们的人生多难，政途不如意，但在文学方面却有着不可多得的才华。他们的文章不仅仅在唐宋时期非常有名，即便在今天看来，也有非常高的造诣，对当今社会的文学发展有着深远的影响。比如：韩愈的文章构思精巧，气盛言宜；柳宗元的文章说理深邃，牢笼百态；欧阳修的文章唱叹多情，从容不迫；苏洵的文章纵横雄奇，一波三折；曾巩的文章淳朴平实，深切往复；王安石的文章锋利雄奇，绝少枝叶；苏轼的文章行云流水，随物赋形；苏辙的文章委曲明畅，尤长策论。他们的文学成就反映了唐宋时期的文化，也为今天的青少年学习中国古代传统文化提供了宝贵的借鉴。

在编写本书的过程中，我们期望能使多数读者朋友不至于同阅读史料一样，感到枯燥乏味，而是从围绕史实故事、趣闻以及议论中轻松地了解到“唐宋八大家”的生平阅历、艺术成就。

本套书选取八位大家一生中的典型事件，向读者介绍他们的生平事迹、人际交往、人品性情、处世之道、道德文章，以及生活中的趣闻轶事。读者朋友特别是青少年朋友在阅读中既可获得文史知识，又能受到人生启迪。

本套书在编写过程中虽然倾尽全力，但由于编者水平所限，难免会出现疏漏或错讹之处，恳请读者批评指正。本套书在编写过程中也参考了前人撰写的相关资料，对他们的辛苦付出也表示衷心的感谢！

编　者

2015 年 6 月

目　　录

目　录

第一章　名臣之后

华夏子孙在历史的长河当中形成了自己的民族习惯，历来有聚族而居、安土重迁的传统，也一直重视家族传承和家谱的修订。

家谱，又称家乘、宗谱……是记载一个姓氏、一个家族子孙世系传承之物，具有区分家族成员血缘关系亲疏远近的作用。从古至今，修订家谱从来被视为一种重新树立家族观和道德规范的途径。家谱中包含的家训，更是在教化族人孝敬、和睦、祭祀、亲情、乡情方面，起着不可替代的作用。简言之，家谱维系的不仅是一个家族，更是一个民族的血脉亲情。

在数千年的发展完善当中，先民在家族传承方面，也给后世留下了很多民俗谚语，“穷不过三代，富不过三代”，这句话说明任何一个家族没有永远的兴盛，也没有永远的贫穷，眉山苏氏家族的兴衰，就是一个很好的例子。

四川眉山又称“眉州”，自古物华天宝，人杰地灵，风光之美，难以描述。在大禹治水的时候，眉山归九州中的梁州所辖；秦始皇时，由蜀郡统领；到了汉朝，先是置县，名为武阳，后来升县为郡，称作犍为；两汉以后，屡屡更名，可惜换来换去，皆未尽人意。

南齐建武三年，即公元496年，在今天眉山城北约十公里一个叫龙安铺的地方，即现在的东坡区太和镇龙安村，出现了一座叫“齐通”的城池。这就是最早的眉山县城。

大约过了半个世纪，到了梁武帝太清二年，即公元548年，齐通城以其川南要冲的位置，成为州治所在地。因青衣江穿州境而过，故叫青州。

公元553年，西魏入据四川，废青州之名，换上了一个响当当的名字——眉州。这个地名为何要叫眉州呢？因为在城西南一百多里的地方，有一座秀甲天下的佛教名山——峨眉山。相传，峨眉山是普贤菩萨的道场，山川秀丽，富有灵性，因为这座山的缘故，这个地方遂被命名为眉山。

在眉山建政后的四百多年间，县名多次变更，一会儿叫通义，一会儿叫安乐，一会儿又叫广通。直到北宋太平兴国元年，即公元976年，才改定县名叫眉山。在以后的千余年里，眉山这个美丽的名字始终与这块土地相伴始终，一直沿用到今天。

从唐代以来，苏氏一族就一直定居在眉州，在这块肥沃的土地上繁衍生息，开枝散叶。北宋著名的苏门三学士就出生在这里。

在中国文学史上，著名的“唐宋八大家”当中，苏洵、苏轼、苏辙父子就占去了三名，文名远播海内外，就连遥远的辽国，也有很多人是苏轼的粉丝。

可是，想当年，苏洵这一家人在眉州当地并不怎么出名，财产也不丰厚，到了苏洵的父亲——苏序那一代时，全家也只有一顷多的田地，在眉州城里有一所私宅，只能勉强算作普通的中小地主家庭，远远称不上是富户大家。

虽然这一代比较普通，但往上数，在唐朝时，苏家的祖宗苏味道是唐朝名臣，后来，在五代的乱世当中，为避战祸，苏家有一支几经辗转来到了蜀中，后来就定居在此地。

几代以来，苏家一直很平稳地过着波澜不惊的日子，既没有入朝为官的腾达之人，也没有大字不识的白丁，不过却形成了一种朴实善良、淡泊豁达的纯厚家风。

苏洵的爷爷苏杲生于五代晋少帝开运元年（公元 944 年），死于宋太宗淳化五年（公元 994 年）。据史书记载，苏杲从小就对父母非常孝顺，和兄弟极其友爱，对朋友很讲信誉。因此，在乡里，无论是亲朋还是毫无关系的人，都爱戴敬仰他。他的事迹都被他的孙儿苏洵记载于《苏氏族谱》中。

苏杲有一位同族兄弟叫苏玩，因为犯了很严重的官司，被逮捕下狱。苏玩担心自己不能生还，就暗中请苏杲帮他打听官府判案的消息，如果要判死刑，就提前通知自己，以便自行了断，以免受刑戮之苦。可令苏玩万万没有想到的是，日夜提心吊胆换来的竟是虚惊一场。官司竟然顺利了结了。苏玩释放出狱后，在大喜之余，拍着苏杲的肩膀对他说："我兄弟众多，但在危急关头，能寄托生死大事的，只有你啊！"

苏杲不仅深明大义，人品很好，而且脑筋灵活，很善于生产经营。这样一来，家中生活虽不算富裕，但也可算作小康。最重要的是，他始终坚信"君子爱财，取之有道"之理，不是那种不顾道义、一心想着发财致富的人。

北宋王朝平定了西蜀后，原西蜀割据政权中的达官贵人为了表示对新政权的忠诚，纷纷迁往汴京（开封），去为宋朝效劳。这些人在临走之前，为了减少负担，纷纷低价变卖房地产。这就给了当地其他人一个廉价收购的机会，于是，许多精明人抓住商机，发财致富。只有苏杲偏偏不去占这个便宜。

也正因此，终其一生，苏杲因乐善好施，淡泊名利，家中只有不到二顷的田产。至于一家人住的房子，算是很破旧了，他也不去修葺房屋，只是听天由命。

苏杲的妻子朱氏是一个很贤惠的女人，朱氏一共生过九个孩子，可惜，当年的医疗水平太差，九个孩子只养活了老七苏序一人，因此，人称苏序为"苏七君"。

苏序是苏家的独苗，但他从小就很调皮，不爱读书，学习文法向来只是略通大意，幸好他在人品和形貌上都很不错，苏序相貌英伟，为人慷慨，淡泊豁达。

苏序小的时候，家境已经有所改善。由于家境逐渐宽裕，所以苏序的少年时代过得无忧无虑，晃晃荡荡地长到了二十二岁。

刚行过弱冠之礼，苏序的老爹苏杲就一病不起。看着刚刚成年、尚无人生阅历的苏序马上就要承担起养活一家人的重担，苏序的母亲朱氏忧心忡忡地问重病之中的苏杲："你走之后，我一介女流，如何照看孩子和这个家呢？把孩子托付给你的兄弟们行吗？"

深明人情世故的苏杲淡然一笑，说："孩子如果有出息，即便不是我的兄弟，也会亲近他；如果没出息，就算我现在把他托付给了我的亲兄弟，用不了多长时间，他们也会扔下不管的。"

果然是知子莫若父，这个时候的苏序虽然还很年轻，但他显然没有让父亲失望。

苏杲死后没多久，风云突变，青城川民王小波、李顺等人聚众起义，宣称"吾疾贫富不均，今为汝均之"，他们打出旗号，拉起义军，一口气打到了眉州北边的彭山。

当时的战况很紧张，眉州的百姓慌成一团，相顾哭泣，新近丧夫的朱氏也忧心忡忡，寝食难安，唯独苏序毫不在意，照旧按照礼节操办父亲的丧事。

看到当地程家仓皇逃走的时候，苏序还豁达地笑着说："我就不相信李顺是吃人的魔王，我就在家中等着他，看他如何待我。"

李顺自然没把苏序怎么样，因为起义很快就被扑灭了。

后来，苏序娶了眉州大户人家——史家的女儿，史氏慈仁宽厚，勤俭持家，孝敬婆婆，一家人生活得非常和谐。

到了庆历年间，皇帝下诏，要在州郡设立学校。人们纷纷传言，朝廷此举是想从中挑选人才，士人争着入学。只有苏序笑着说，这是好事情啊，还告诫子孙，不要和别人争。

苏序善于耕种，脾气倔得出名——人家田里都种麦子水稻，他偏偏带着儿子和长工们多种粟米，说粟米便于收藏。有时家中大米吃不完了，他也拿去换成粟米囤在仓里。

苏序还喜欢喝酒，常常和乡下人在一起高歌狂饮。一日，他喝得酩酊大醉，带着二十来个村仆进到茅将军（眉州供奉的神灵）庙里，砸碎神像，扔到溪中，还一鼓作气，拆了庙宇。

三年后，苏序去剑门，在七家岭又看到一个题为茅将军的大庙，他正准备带人拆庙，一个庙吏前来说，昨夜梦见神灵泣告，说明日苏七君来，哀求他放过这座庙，让我受点香火。后来众人又一起劝说，苏洵这才放过了这座庙。

那一年，他的二儿子苏涣考中了进士，送来喜报时，他正蹲在村头和另一个老头喝酒，喜报到手，他一边喝酒，一边看了一会儿，看完之后，把喜报和吃剩下的一块牛肉都塞到了布袋中，让一个小童先送回去，然后自己醉醺醺地骑着一头驴，在后头慢悠悠地跟着。

他的孙子苏轼后来回忆说，我爷爷这行为，只有真正了解他的人，才能知道他心里其实特高兴。而之所以没有收拾齐整，大操大办，是因为他向来不在乎这种外在的东西。

苏序没事的时候还喜欢写诗。他写诗很快，几十年间存下了几千首诗歌。但他作诗和读书差不多，只求表达大意，并不注重细节。从这些诗句中，虽能看出他心胸开阔，表里如一，格律对仗却实在不算工整，也正因此，他常常遭到辈分相同年纪相仿的程家少爷程文应的耻笑，后来眉山“三苏”文名盖世，可是，苏序一生写了几千首诗，却连一首也没有流传下来。

苏序一生没有出仕，后来因为沾了儿子苏涣的光，才被赠大理评事，夫人史氏，也被赠蓬莱县太君。这种赠送的官职，最多算是一种“光荣称号”。

庆历七年（公元1047年）五月十一日，苏序殁于家。次年二月，葬于眉山县修文乡安道里。在《赠职方员外郎苏君（序）墓志铭》中，曾巩曾这样写道：“为人疏达自信，持之以谦，轻财好施，急人之疾，孜孜若不急。”

虽然自苏味道之后，苏氏一族并未出过什么显赫的人物，苏杲和苏序也都一生未仕，但那种自由豁达、豪放随性的家风，却为子孙后代日后健全人格的养成提供了最坚实的基础，也是苏氏一族最为宝贵的精神财富。

当这种财富积累到一定程度的时候，一旦遇到恰当的时机，便可以灿烂蓬发，释放出无穷无尽的光彩。

第二章　兄长远行

苏序和史夫人一共生了三个儿子：苏澹、苏涣、苏洵。

有感于家里上三代都一直在务农，没什么显赫的名声，还经常被好友程文应笑话，所以，苏序在受辱之余痛下决心，他把大儿子和二儿子都送去读书，以便考取功名，光宗耀祖。

这两个儿子总算不负父望，寒窗苦读，孜孜不倦，最后双双通过州里的初考，取得进京参加进士考试的机会。进士考试几年一次，考场设在北宋的都城汴梁，也就是现在的河南开封。

当时交通不便，从川中到河南路途遥远，加上出川的道路险峻难行，长子苏澹又因为昼夜用功学习熬坏了身体，无力往返奔赴考场，所以只好长期待在京城，等待朝廷下一次大试。

苏澹与家人长期别离，本来是一件愁事。没想到，这位苏大公子却因此得福，他在等待考试的过程中，被汴京一个大户人家看中，当下招为乘龙快婿。

苏澹娶得娇妻，生活美满幸福。无奈是情场得意、考场失意，他在考试当中的运气实在太差，连考几年都是接连碰壁，屡败屡战，最后终于败下阵来，因为郁闷一病不起，最后撇下夫人和两个儿子，撒手人寰，英年早逝。

老大苏澹英年早逝。老二苏涣比他大哥的运气好一些，他最终考上了进士。虽然没有做成什么大官，却也给很多年来没有人出仕的苏家带来一线希望。

第三章　寄情山水

我们在前面介绍了苏氏家族的老大、老二，接下来，再来说说老苏序的小儿子苏洵。

苏洵和两个刻苦用功的哥哥比起来，简直不可同日而语——他五岁尚未识字，八岁才学习断句，直到十六岁时，还是不问诗书，终日嬉游。

不过，鉴于老大苏澹少年离家，最后在异乡早早故去的缘故，苏序对小儿子苏洵比较放纵，不再逼迫他刻苦读书了。

虽然有时他也让苏洵到州里去考试，碰碰运气，但那只不过是抱着一种“瞎猫碰见死耗子”的心理，并不指望小儿子苏洵能有多大的造化，以便考个进士来光宗耀祖。所以，尽管苏洵多次名落孙山，苏序依然不急不恼，还笑着听苏洵找一些子虚乌有的理由为自己辩解，比如说，苏洵说一见到那些为了考试而写的套套文章就大吐不止等。

其实，如果我们换一个角度来看待苏洵当年的反应，也是可以理解的。因为以苏洵的才华，他并不甘心去写那些虚无的套话。因为苏洵不是不喜欢读书，而是科举规定的那些书，是他所不喜欢的而已。

从北宋初期的科举情况来看，苏洵生活的时代，知识分子如果想要走上仕途，只有科举这一条路。要想考功名，那就得死记硬背，就得会写诗，写骈体文，子曰诗云，一字不差，四四六六，对仗工整。平心而论，这些东西苏洵倒真是学过，但出于个人兴趣的原因，早在八岁的时候，他就感觉这些东西索然无味，于是就干脆撂挑子不学了。所以，别说苏洵年轻的时候学不来这些，就是到老的时候，苏洵也不擅长这些条条框框的文章，更不爱写那些酸诗。但考科举就是这样，科举不需要诗人的真性情，而是需要把形形色色的知识分子按照统一的形式塑造成一个样子来，苏洵不喜欢这种方式也没有办法，所以他尽管胸怀锦绣，也只能是名落孙山。

苏洵这种耿直的性格，大概是来自苏家几代人的遗传，苏杲和苏序哪个不是不爱读书却热爱自由、淡泊名利的？

虽然苏洵那个时代里的人，还不知道多少年后，有一句话叫做“条条大路通罗马”，但苏洵当时却真是以一种满不在乎的心态，来对待自己的考场失败。当时苏序身体还很健康，也用不着苏洵去养家，所以，苏洵就开始了游山玩水的囧途。

当年的苏洵，可以说是驴友的开山鼻祖了，据苏洵自己说，从童年起到四十多岁间，除家乡眉山的山水外，他先后游历了峨眉山、青城山、长江三峡、剑门蜀道、秦岭终南、西岳华山、中岳嵩山、江西庐山等名山大川，有些地方还不止去过一次。二十多年之后，当他再次回忆起那段年少岁月时，有感而发，挥毫而成《忆山送人》：

少年喜奇迹，落拓鞍马间。

纵目视天下，爱此宇宙宽。
山川看不厌，浩然遂忘还。
岷峨最先见，晴光压西川。
远望未及上，但爱青若鬟。
大雪冬没胫，夏秋多蛇蚖。
乘春乃敢去，匍匐攀孱颜。
有路不容足，左右号鹿猿。
阴崖雪如石，迫暖成高澜。
经日到绝顶，目眩手足颠。
自恐不得下，抚膺忽长叹。
坐定聊四顾，风色非人寰。
仰面嗫云霞，垂手抚百山。
临风弄襟袖，飘若风中仙。
……

这其中的“岷”，指岷山山系中的青城山，位于四川北部，川甘两省边境，峨指峨眉山。“峨眉天下雄，青城天下秀”，两者都是山势雄伟、峰峦俊秀的名山。

苏洵家离峨眉山很近，在晴朗的日子里，临窗远眺，峨眉山清晰可见。就像前四句里所写，他在家远望岷峨的景色，座座山峦如发髻一般。

下四句写登山，这里冬天雪深，夏天蛇多，只有春天才敢爬山。由于山势险要，路不容足，只好小心谨慎地匍匐前进，一路上只听见鹿鸣猿啼。背阴一面终年积雪，白雪皑皑，雪冻得坚硬如石；当阳一面，积雪融化，树木葱茏，犹如大海波澜。

最后五句，写登上绝顶后的感受，一面觉得两目昏眩，手足发抖，生怕无路可下；一面又感到云霞可得，百山可抚，风吹襟袖，飘飘欲仙，似非人境。

苏洵一生虽不擅格律诗，但其论说性散文却如身凌绝顶，有一种俯瞰古今的壮阔之美；如驰目旷野，有一种丰俭适度的自然之美；如观山川布列，有一种刚柔相济的和谐之美；如俯仰宇宙之间，有一种对立统一的平衡之美。

苏洵散文中的美，与他从小就喜欢亲近大自然、眷恋大自然、阅读大自然不无关系。正是由于少年时期的山川壮游，才使苏洵开阔了视野，陶冶了性情，磨砺了意志和思想。

假如苏洵从小就是个乖孩子，也跟两个哥哥一样，认真埋头读书，也顺利地通过了科举考试，从而成为一名朝廷官员，也许，我们中国的历史上只不过又多了一名像苏涣这样默默无闻的循吏，在文学历史的星空下，却少了一颗独一无二的璀璨明星——苏洵。

在这里，后人不得不佩服苏洵的父亲——苏序，作为苏门三学士的父亲或祖父，苏序有一种过人的先见之明。知子莫若父，苏序知道苏洵虽然倔强古怪，游手好闲，却颇有大志。所谓“游荡不学”，对书本知识来说，固然是“不学”，但对社会知识来说，“游荡”也是一种学习，更何况，他始终相信，苏洵“为人聪明，才智过人”，之所以现在不用心学习，天天游山玩水，数日不归，只不过是在和考试体制置一时之气，只要他哪天想通了，肯下决心静下来苦读，是不难“大究六经百家之说”的。

不过，苏序却并不着急，那个以前经常笑话他的程文应却

看不下去了。程文应的儿子程濬曾经和苏涣在一块儿读书，知道苏涣的才能。看着苏家老二那么刻苦努力，老三却整天游手好闲，程文应就开始好心地提醒苏序："你家的老三都二十来岁了，还这么吊儿郎当的，你就不管不问了？"

苏序却笑着说："你们不知道，我这个孩子与众不同，他实际上是个好学上进的人，只是没找到他感兴趣的东西，一旦上了道，你拉都拉不回来呢。"

在父亲苏序的全力保护之下，小时苏洵过着一种非常散淡而自由的生活。

第四章　道士相面

就在苏洵整天东游西逛的时候，眉山天庆观的北极院里来了个老道长，自称“张易简”，据说，此人是道家张天师之后，给人望气看相，十拿九稳，来到眉州没几天，便有人称他是活神仙。

有一天，张道长出游，看到苏洵正在田里跟着父亲苏序在地里捆谷子，便大惊小怪地叫道：“哎呀！年轻人，你可是文星之相啊，怎么整天跟着老倔头种地呢？可惜啊可惜！”

苏序笑着对张易简说：“多谢你的吉言，可惜我教了洵儿这么多年，他连一首像样的诗都没写过，他要是文曲星，那我苏老汉便是文魁星了！”

说笑归说笑，当地百姓对张易简非常崇拜，所以，自从他说了这句话之后，便一传十，十传百，许多人都开始对苏洵这个整天游山玩水的年轻人刮目相看了。

在那些开始对苏洵刮目相看的乡邻当中，就包括那个一直笑话苏序的老邻居——程文应的父亲程仁霸。程家是当地的富豪，当听说张道长对苏洵高度赞扬后，程仁霸不禁想起了当年汉高祖刘邦的那档子事情来。

当时，汉高祖刘邦还是一个小小的亭长，也是一个整天游手好闲的主儿。有一个会相面的吕公在家里请客，当时还在草莽之际的刘邦一个子的礼物也没有带，就大言不惭地说自己送了礼金一万元，还跑到上座去大吃大喝。

可是，那个会相面的吕公非但没有把刘邦轰出去，反而把自己的女儿吕雉嫁给了他。吕公为什么要做这么赔本的生意呢？就是因为吕公会相面，他认为，刘邦有贵人之相，日后必然发达，所以才肯把自己的爱女吕雉下嫁给刘邦。

如今，张道长称赞苏洵是文曲星下凡，说不定这个年轻人日后也有飞黄腾达之日，于是，程仁霸决定赌一把，他立刻命人把自己孙女的生辰八字送到了苏家。

后来，历史的经验证明，程仁霸的这个举动是非常正确的，因为他的孙女程氏，生下了中国文坛的双子星——苏轼和苏辙。

第五章　程家嫁女

在古代，成婚的仪式离不开“父母之命，媒妁之言”，苏、程两家的婚事定下之后，择黄道吉日，程家小姐嫁入苏家。

程仁霸的孙女程氏，生于公元1010年，比苏洵小一岁，她从小就受到了良好的家庭教育，通经史，有气节，尊敬长辈，就连远在成都的富家子弟都慕其芳名，纷纷托人说媒。

再说苏家，多年以来一直与程家为邻，程家比苏家富裕得多，但苏序性格豪爽，两家也一直颇有来往，苏序一见程家人来求亲，又见苏洵对读书实在没有兴趣，想都没想，就满口应允了这门亲事。俗话说得好：“每个成功的男人背后都有一个好女人。”在这个问题上，苏序不仅拥有豁达的人生态度，先进的教育思想，更为苏洵作了一个历史性的决定——帮助苏洵选择了一个好媳妇。

程氏嫁入苏家之后，不仅孝敬公婆，而且对苏洵的学业也颇有帮助，她不仅成全了丈夫读书的心愿，更为苏家造就了苏轼、苏辙这两个文坛巨擘。可以说，“三苏”之所以能取得非凡的成就，和程氏这个贤妻良母的支持和帮助是分不开的。

作为富豪人家的千金小姐，程家小姐过门时，带来了一双祖传的玉珮和十车嫁妆，从此她正式做起了苏家的少夫人。

对于新媳妇程氏来说，公公苏序很好打理，整天乐呵呵的，不用多加小心，基本出不了什么岔子。但婆婆史氏却是一个非常严厉的人，就连谁走路声音重了点儿，她都要绷起脸来，大加训斥。所以家中上到儿孙下至佣人，一看到史氏老夫人，走路都得多加一些小心。

不过，程氏毕竟是大家闺秀，知书达理，温文尔雅，过了门之后，她非但从来没有富家千金爱拿架子、摆谱儿的坏毛病，而且还把双亲侍候得舒舒服服，婆媳关系处得情同母女。

苏洵这个人倒也真是放浪形骸，虽然已经娶得娇妻在堂，荣升一个小家庭的当家人，但他却仗着自己没有生存压力，不用担心生计问题，依旧还是小孩儿心性，还像以前一样，终日游山玩水，不知有生死之悲。

程氏虽然明知夫君苏洵吊儿郎当，不求上进，却也从不多嘴，只是尽心尽职，恪守妇道。丈夫苏洵自己游山玩水也就罢

了，偏偏苏洵还是一个乐善好施的人，在旅途当中遇到谁有困难，他总是慷慨解囊，热心资助别人。这样一来二去的，就算程氏再有十车嫁妆，也抵不过两人坐吃山空。苏洵的家境每况愈下，直到苏轼记事之后也没有多大的改观。据苏轼回忆，他和弟弟苏辙小时候，吃的经常是一碗白米饭，一碟白萝卜，一撮盐的“三白之饭”，由此可以推测出当时苏家的窘迫之状。

第六章 儿女夭折

就在苏洵仍然沉醉在山水之乐、不问生计的时候，程氏诞下一女。只可惜，苏洵的这个女儿福薄命短，也许是程氏在怀孕时营养不良，所以，这个女儿在不满周岁的时候就夭折了。

女儿的夭折给苏洵和程氏都带来了巨大的悲痛，有人慨叹程氏作为一个富家千金，竟然嫁给了如此无用的丈夫，遭遇如此悲惨的境遇，所以，有好心人劝她说："既然娘家那么有钱，何必守着这贫贱的苏洵受苦呢？"

程氏却不卑不亢地答道："我当然可以依靠父母，让我们一家人过得更好，但这要是传出去，大家会说我的夫君苏洵不仅养不起我，还要倚仗老丈人，如此一来，我的夫君堂堂七尺男儿，颜面何存？"

程氏不仅是这样说的，同时她也是这样做的。每次回到娘家，她只是叙叙家常，聊一些家庭琐事，从不向家里人提起夫君如何穷困，自己的日子如何艰难。她用自己柔弱的身体支撑着这个家，始终没有像古代的卓文君那样，带着潦倒落魄的丈夫司马相如，靠老丈人救济过日子。

就这样过了两年，苏洵继续散漫，到处游荡，不将功名放在心上，“昔予少年，游荡不学，子虽不言，耿耿不乐，我知子心，忧我泯没”。

婚后第三年的重阳节，苏洵又游荡到了成都的至玉局观。在那里，他看见了青城山张仙师的画像，也许是成婚多年，深有感触，他用身上佩戴的玉环换回了张仙师的画像，带回家中，好生安置，每日早起，必先焚香祷告，祈求得子。

皇天不负苦心人，就在那年冬天，程氏顺利诞下一子。

苏洵为人虽放荡不羁，对儿女却特别疼爱，只无奈长女未满周岁而逝，无缘延续父女之情。现在老天有眼，又赐给他一个儿子，苏洵当时激动兴奋之情，当真无以言表。喜悦之余，他为长子取名“景先”，意思是景仰苏家先人。可是造化弄人，景先也没有顺利成人，不久夭折，这给苏洵和程氏夫人留下了许多悲痛和惆怅。

第七章　劝夫为学

一双子女的相继离去，似乎让苏洵认识到人生的短暂，时光不可蹉跎。

于是，他开始思考着自己的未来。有一天早晨，苏洵对程氏感慨地说：“光阴易逝，年华流转，转眼间，年已廿七。虽觉求学未晚，奈何身为一家之主，若是专心于学，家里生计又如何维持？”

程氏闻听此言，激动得流下了热泪。结婚三年了，无论丈夫如何不事生产，不管生计如何艰难，她从来都没有抱怨过丈夫，更没有放弃过对丈夫的殷切希望。现在，丈夫终于肯沉下心来读书了！为了丈夫的这句话，程夫人已经付出了太多的等待！

程氏的娘家是当地的富户，程氏夫人的父亲和兄弟也早就对苏洵这种游手好闲的状态多有不满，因此，娘家人对苏洵的种种非议早已充满了程氏的耳朵。

但是，程氏出身于书香世家，长久以来，对女性三纲五常的教诲深入人心，她所接受的种种教育让她只能恪守妇道，对于丈夫苏洵的种种行为，虽然心中也有不满，却不能过多劝说。

这时，程夫人一听苏洵终于有意学习，却又担忧家中的生计时，急忙接过话头说道：“夫君，多年以来，我都不知怎样才能劝你读书。现在你终于有志于学了，大丈夫求取功名，这是天大的好事，无论家中多么困窘，为妻我都会坚定地支持你的，至于家中的生活来源，你不必担忧，家中的大小事情，全都交给我来办，你就一心读你的圣贤书吧！”

苏洵本来就不擅长打理生活，更何况他准备立志读书，钻研学问，所以更无心去打理生计，于是，苏洵满心欢喜，高兴地应道：“那就这么办吧！”

程氏虽然对丈夫表了决心，但是，在当时女子没有工作的机会，也不能到田里去劳作，又怎么能承担起赡养一个家庭的重担呢？苏洵也不知道程氏的葫芦里，到底卖的是什么药。

第八章　变卖妆奁

苏洵虽然对妻子表示了自己准备刻苦读书的意向，但是人的习惯是很难改变的，所以，苏洵说完这句话之后，并没有马上开始行动，只是把跟妻子说的一番话当成了闺房里的玩笑，转头就忘得干干净净，依然在山水之间游荡忘归。

没想到，当他回到家里的时候，却发现家里变了样。他一进家门，就听到仆人们在私下里议论纷纷，说夫人已将值钱的陪嫁财物全都卖光了。

苏洵闻讯大惊，急忙跑到房间里去找程氏问个究竟。

当他看到妻子的时候，发现程氏已经换上了荆钗布裙，一个富家大小姐，本来有着很丰厚的妆奁，可现在站在苏洵眼前的程氏，已经完全看不到富家千金的影子了，现在的千金小姐，已经完全变成了一个朴素的乡村妇女。

苏洵惊讶地问道："夫人，你这是为何？"

程氏笑盈盈地说道："君子一言，驷马难追。为妻我一介女流，既然答应了夫君要承担起养家的职责，就只能变卖我的妆奁以充家用。我只希望夫君不要辜负我的一片苦心。"

苏洵听了妻子的话，心里非常感动，他与妻子击掌为誓，立志一定要做出一番事业，不辜负妻子的一片苦心。

从此以后，程氏把家事一概承担下来，她以变卖嫁妆所得作为启动资金，在眉山城南纱谷行街上租来一栋宅子，经营起布帛织物的生意。没过几年，就将之前只可勉强维持生计的苏家发展成了当地的富户。

程氏夫人除了生财有道之外，还是一个非常贤惠的妻子，不仅对丈夫的读书事业倾注全力，而且在家里上事翁姑，下教子女，终日勤劳不息。

对此，苏轼曾有文记载："昔吾先君夫人僦宅于眉，为纱谷行。一日，二婢子熨帛，足陷于地，视之，深数尺，有大瓮，覆以乌木板，先夫人即命以土塞之。瓮中有物，如人咳声，凡一年乃已，人以为此有宿藏物欲出也。"

正是由于程氏的精明强干，苏洵才得以心无旁骛地为学习文，也才有机会取得以后的辉煌成就，成为中国古代散文八大家之一。

第九章　相夫教子

在前面的两个孩子相继去世之后，程氏又为苏洵生下了两女两子。这两个儿子，就是日后给华夏文坛以深远影响的两兄弟——苏轼和苏辙。

由于苏洵专心学习，程氏夫人不仅要打理家里的生意，而且还要在闲暇之时读书自娱，以圣贤之事激励两个儿子，教育他们求仁取义，好好做人。据《宋史》记载，苏轼十岁时，苏洵“宦学四方，太夫人（程氏）亲授以书”。

根据苏轼的回忆，据说有一次，母亲读《东汉史》，读到《范滂传》的时候非常感慨。当时，小苏轼就站在母亲的身边，苏轼见母亲为范滂的高尚人格叹息，就说：“母亲，如果我长大以后效仿范滂，您允许我这样做吗？”

程氏听了儿子的话，既惊讶又欣慰，她说：“孩子，你可以效仿范滂，难道我就不能像范滂的母亲那样吗？能有一个像你这样有远大志向的儿子我很高兴！”

人们常说：“世上几百年旧家无非积德，天下第一件好事还是读书。”苏家从苏序那个时代开始，就重义轻财、乐善好施，自从程氏开始管理家庭以来，她也继承了这一传统。程氏深深懂得“富而多金，未必是福”的道理，她对亲朋好友经常是有求必应，多加救济。所以，家里尽管进项颇多，出钱的地方却更多。程氏死前，偌大的家财已散尽大半。也许，苏家一门三学士的辉煌，也许与这个家族一直以来的乐善好施是分不开的。

程夫人不仅在儿子的启蒙阶段，教会了他们读书、识字，同时也把做人的道理深深地植入在孩子们的心中。少年的苏轼和苏辙兄弟深受母亲的影响，在他们以后的仕途当中，无论是得意还是失意，他们始终保持着一种难能可贵的品质，那就是洁身自好、怜惜百姓，尽自己所能乐善好施、为民造福。

经年累月的操劳，终于使程氏积病成疾。

嘉祐二年（公元1057年）四月，就在父子三人同去京师求取功名之后，苏轼和苏辙同登金榜之时，程夫人孤独地溘然长逝。父子三人得知消息，回家奔丧。哀叹之余，将程氏安葬于武阳安镇乡可龙里老翁井侧。

苏洵曾写了《祭亡妻程氏文》，表达对程氏的追忆和哀思：

呜呼！与子相好，相期百年。不知中道，弃我而先。我徂京师，不远当还。嗟子之去，曾不须臾。子去不返，我怀永哀。反复求思，意子复回。人亦有言，死生短长。苟皆不欲，尔避谁当？我独悲子，生逢百殃。有子六人，今谁在堂？唯轼与辙，仅存不亡。咻呴抚摩，既冠既昏。教以学问，畏其无闻。昼夜孜孜，孰知子勤？提携东去，出门迟迟。今往不捷，后何以归？二子告我：母氏劳苦。今不汲汲，奈后将悔。大寒酷热，崎岖在外。亦既荐名，试于南宫。文字炜炜，叹惊群公。二子喜跃，我知母心。非官实好，要以文称。我今西归，有以藉口。故乡千里，期母寿考。归来空堂，哭不见人。伤心故物，感涕殷勤。嗟予老矣，四海一身。自子之逝，内失良朋。孤居终日，有过谁箴？昔予少年，游荡不学，子虽不言，耿耿不乐。我知子心，忧我泯没。感叹折节，以至今日。呜呼死矣，不可再得！安镇之乡，里名可龙，隶武阳县，在州北东。有蟠其丘，惟子之坟。凿为二室，期与子同。骨肉归土，魂无不之。我归旧庐，无不改移。魂兮未泯，不日来归。

第十章　聪颖八娘

程氏一共生了三儿三女，只可惜在古代那个时候，由于医疗和饮食等方面条件都比较差，虽然婴儿的出生率很高，但死亡率也是非常高的。以苏洵为例，虽然程氏一共为他生了六个孩子，可是，有三个孩子却半路夭折，只剩下两子一女，男孩是苏轼、苏辙两兄弟，还有一个女儿就是八娘。

说起苏八娘，一般人也许都一头雾水，但提起苏小妹，大家一定都不会陌生。戏曲故事中，那个活泼、聪颖的苏小妹，给人留下了非常深刻的印象。

传说苏轼有一妹，名叫苏小妹。她天真烂漫，博学多才，能文擅赋，尤喜对联。从古至今，文学艺术作品对苏小妹这个艺术形象进行了深度臆想和加工，使苏小妹的聪慧绝伦、天真烂漫在世人心中成为了一个确凿的历史影像而且千古传唱。

关于苏小妹的形象，元代吴昌龄杂剧《东坡梦》、明代冯梦龙“三言”、清代李玉的传奇巨著《眉山秀》里都有过记载，尤其是在《醒世恒言》里面，讲述的“苏小妹三难新郎”的故事，更是让她和北宋著名词人秦观的幸福婚姻变为世人津津乐道的话题。

但是，真实的史实却往往令人尴尬，其实，苏轼只有一个姐姐，就是苏八娘。苏洵一生中只有六个子女，八娘的名字从何而来？原来，在古代的时候，家庭都是按照大家庭的子女一同排序的，苏洵的女儿出生以后，苏洵沿着兄长苏澹、苏涣家侄儿侄女的排行，按照家族里同辈孩子的顺序，将女儿称做八姑娘，简称八娘。

那么，苏东坡的这个妹妹，又是从何谈起的？其实，文艺作品中苏小妹的原型，就是这个苏八娘。不过，苏八娘的夫君并不是秦观。

秦观是北宋词人，字少游、太虚，号淮海居士，高邮（今属江苏）人，是苏门四学士之一，也是北宋时有名的大才子之一。秦观生于1049年，卒于1100年，而苏八娘生于景祐二年（公元1035年），卒于皇祐四年（公元1052年）。也就是说，苏八娘死时秦观才三岁。所以，民间流传的故事中所说的“苏小妹选婿”、“苏小妹三难新郎秦少游”，都是杜撰的故事，并非真人真事。

在苏八娘出生之前，苏洵的前三个孩子一直都由程氏一手抚养，只可惜，程氏虽然是个大家闺秀，满腹诗词华章，但在抚养孩子方面，却是很外行的。更何况生下苏八娘之后不到一年的时间，程氏又怀孕了。她的身体本来就不是很好，再加上怀孕之后，每天吃进去的那点营养既要孕育肚子里的胎儿，又得给襁褓中的八娘哺乳，体力自然是过度透支，显得力不从心。

程夫人每日看着嗷嗷待哺的八娘，又考虑到之前夭折的几个孩子，不由得忧心忡忡，为了保住女儿的性命，她必须要解决孩子的奶水问题。就在这个时候，她听说了一个名叫任采莲的女人的不幸遭遇。

这个任采莲也是眉山人，本有一个幸福美满的家庭，怎奈丈夫身体孱弱，积劳成疾，在一年前因病去世了，只给她留下个遗腹子。任采莲本想守住贞节，将孩子生下来，好好将他抚养成人，这样做也算是对先夫的一个交代。可是，天有不测风云，几个月之后，任采莲到了分娩的时候，由于当时的医疗水平很差，婴儿出生后的成活率很低，任采莲的孩子刚生下之后，没哭几声便没了气息。

任采莲一个弱女子，连续遭受丧夫、失子的重创，她只能日日以泪洗面，一个人在家里，哭得死去活来。

程氏听到这个消息后，对孤苦伶仃的任采莲十分同情，也为这个不幸女子的遭遇唏嘘不已。这个时候，她的女儿八娘没有奶吃，眼看小小的婴儿日日憔悴，哭闹不止，为了给孩子找一条活路，同时也为任采莲找个出路。程夫人当机立断，派人把任采莲请到苏家来，好吃好喝地供着，好言好语地捧着，只求她为自己做一件事——代为哺育女儿八娘。

任采莲是一个朴实的乡村妇女，在走投无路之际得到了程夫人的大力帮助，还受到如此礼遇，自然是千恩万谢、感激不已。从此以后，任采莲不仅对苏家一心一意，更将八娘视作自己的女儿一般对待。

有了任采莲给八娘当乳母，八娘很快就胖了起来，长得白净可爱，如同玉雕粉琢的一般。

苏家是书香门第，再加上程夫人也是知书达理的女子，所以八娘从小就得到了非常好的教育。苏八娘自幼聪明伶俐，好学上进，具备一般女子所不具有的才学和志气。

苏洵见女儿如此聪颖，看到眼里，喜在心上，让女儿八娘跟两个弟弟——苏轼、苏辙两兄弟一起读书习字，玩耍嬉戏。在嘉祐四年（公元1059年）写的《自尤〈并序〉》中，苏洵曾提到："女幼而好学，慷慨有过人之节，为文亦往往有可喜。"

由此可见，传说中的苏小妹形象和历史中的苏八娘，在好学有才方面，还是有着很多的共同之处的。

第十一章　痛失爱女

男大当婚，女大当嫁。时光飞逝，转眼间，苏八娘就到了二八年华，到了该成家的年龄。

苏洵在《自尤》诗里曾说："乡人皆嫁重母族，虽我不肯将安云？生年十六亦已嫁，日负忧责无欢欣。"从苏洵的言辞中，我们不难看出，在当时的民间，素来重视与娘家联姻，以求亲上加亲。也正因当地有这样的风俗，苏八娘的两个舅舅都来提亲，苏洵虽然一开始不想答应，但想到民风如此，考虑再三之后，便也勉强应允下来。

于是，就在皇祐二年（公元1050年），应父母之命，媒妁之言，苏八娘下嫁给其母兄程浚之子即其表兄程之才（字正辅）。

说起这个程之才，和苏八娘也算是青梅竹马。两个人在童年时就曾经有过一次相处的经历，这次相处对于苏八娘和当时年龄尚小的苏轼来说，都是一段不太愉快的记忆。

有一年，眉州大旱，旱得连岷江都差点见了底，树木、稻谷都被火辣辣的日头烤得快焦了。眉山全城上下的百姓，除了苏洵的父亲——老倔头苏序一人之外，老老少少几乎全到庙中去求神拜佛，祈雨避灾。

也许是大家的诚意真的感动了上天。龙王有灵，苍天开眼，立秋之前，眉州城里乌云密布，大雨瓢泼，总算是缓解了旱情。但是，也许是天上的龙王爷太热情了，老百姓们求来的那片乌云，竟然在天上凝聚了三四个月，在这三四个月的时间里，一直是大雨滂沱，下个不停。上百天的雨水冲入岷江，洪水滔滔，住在低处的人家只好纷纷离家，抢出一点点粮米，投奔到地势较高处暂且安身。

苏家宅院正好就坐落在地势很高的一个纱布市场边上，这里是眉州纱布的集散市场，平时就车来人往，熙熙攘攘，如今更是热闹，大船、小船乃至大木盆、小门板都纷至沓来，寻求庇护，在这些逃难的人群当中，也包括苏家的两门姻亲——史家和程家。史家是苏序的夫人的娘家；而程家，就是苏洵的岳父家。

史家倒无所谓，人丁稀少，比较容易安置，可程家是大户人家，人丁兴旺，儿孙众多，光苏轼的舅舅一家就有五儿一女，即程之才、程之元、程之邵、程之祥，最小的六子程之仪还在舅母的怀中。程家好几十口前来投奔，一下子把偌大的苏宅挤得满满当当。

老爷子苏序向来喜欢热闹，逮着这个机会，自然与亲戚老头们乐成一团，这下可苦了自小就怕见生人的八娘，她一见到舅舅家那个十多岁的淘小子程之才，就吓得低着头，直往屋子里躲。

没想到，那程之才还偏偏是一个天不怕、地不怕的主儿，他见小表妹怕他，就偏偏吓唬她说："我是程咬金的后代，没有金子我就咬银子，没有银子我就咬人——"

好在八娘的弟弟苏轼也跟祖父苏序一样，向来喜欢热闹，他见姐姐陷入窘境，二话不说，当下伸手拿过父亲桌上的一块黑墨，捏在几个手指之间，将手撮在一起，送到程之才嘴中，逗着他来咬。

程之才被苏轼逗得生了气，一咬牙，一闭眼，对着苏轼的手猛地咬过来。苏轼立刻将手指一缩，程之才以为苏轼的一个手指头被他咬断，他非常生气表弟敢捉弄自己，就狠狠地猛嚼几口。其实，他咬的不是苏轼的手指，而是一块黑墨，等他一张嘴，满嘴都是黑墨，就像老母猪拱了锅底一般，众人见了，都忍不住开怀大笑起来。

经过这件事之后，苏轼对表哥程之才的印象很差，直到成年之后的年岁里，程之才还是屡教不改，一如既往地喜欢欺负姐姐苏八娘。如此一来，苏轼也就更不愿搭理程之才了。

也许有句老话说得非常正确，人可以从三岁看到八十，从程之才小时候欺负苏八娘的种种举动当中，我们就可以隐约地猜到他们两人成婚之后的状况。

从苏洵的《自尤》、《苏氏族谱亭记》等一系列提到女儿苏八娘的作品中，我们可以发现，对于这桩婚事，苏洵一直是非常痛苦自责的。因为苏八娘和程之才成婚后，她经常受程家的虐待，轻则指责重则打骂，在女性地位非常低微的时代里，苏八娘作为一个文思聪颖的女子，就比普通的女性更多了几分忧愁。

苏八娘在婚后一直忧郁伤心，日子过得很不幸福。就在苏八娘与程之才成婚之后的第三年，苏八娘为程家生下一子，也许是八娘从小就身体羸弱，也许是因为长年受气，身体更虚弱，也许是因为产后没有恢复好，总之，苏八娘在这个孩子出生之后就身染重病，气息奄奄。

照理说，八娘是程家的亲外甥女，更何况她还给程家生子添丁，本应是程家的功臣，就算得不到公婆的夸奖，总还应该得到公平的对待。作为大户人家的程家，儿媳妇生了病，本应该找来医生诊治，用心调养。可是，在苏八娘产后病重的时候，程家却根本不闻不问，不予诊治。

婆家不爱惜自己的女儿，娘家却不能眼睁睁地看着。苏洵夫妇向来爱女心切，何况女儿病重，婆家不管，怎能不接回家来治疗？

就这样，苏八娘被父母接回娘家，细心照料，过了一段时间后，病情渐有好转，身体也开始恢复。但谁也没想到，就在此时，程家公婆竟然气势汹汹地跑到苏家来兴师问罪，责备八娘不尽媳妇孝道。这还不算，还抢去苏八娘身边的婴儿，扬长而去。

经过这一折腾，身体本就非常虚弱的苏八娘经受不了失去孩子的悲痛，她既伤心又悲愤，再加上牵挂还在襁褓中的幼子，曾有一些好转的病情再度恶化。苏洵和程氏昼夜守在女儿的身边，可悲痛过度的八娘已经汤米不进了。三天之后，年仅十七岁的苏八娘香消玉殒，含恨而死……

第十二章　姻亲断续

苏洵和程氏在死神面前，是那么的孤立无援，只能眼睁睁看着爱女死在自己的眼前。

自从苏八娘死后，苏家便与程家断绝了来往。

尽管在仁宗嘉祐年间，程之才也中了进士，和苏轼同朝为官，但两人也是形同陌路，不相往来。在政治态度上，苏轼属旧党，与王安石站在对立面；程之才属新党，支持王安石推行新法。因此，当王安石横指苏轼过失时，程之才就诬陷苏轼贩私盐、苏木等事。后来证明，此事纯属捏造，但程之才因个人的恩怨，以莫须有之事诬告自己的表弟苏轼，以此来讨好王安石，为王安石提供诬陷苏轼的素材，足可见他是一个居心叵测的小人。

苏洵的妻子程氏夫人是一个品德高尚的人，但却不能保证她的家族里的每一个人都是道德模范，她的亲侄子程之才就是一个奸佞之人，一直喜欢诬陷之人。

在他诬陷苏轼贩卖私盐、苏木之前，当时，在他担任梓州路转运判官的时候，因为与任伋在对待和处理少数民族的问题上意见不合，于是，他就诬告任伋与蛮夷私通，故意纵敌，导致任伋被免去泸州知州官职。程之才虽然此后也受到了惩罚，遭到贬官降职的处分，被免去梓州路转运判官，但依然在朝为官，并没有受到太大的冲击。

宋哲宗亲政之后，改元绍圣，章敦（章惇）拜相，章敦昔日曾经是苏轼的好友，后来，两人又因为政见不同，成了宿敌。

他将仇敌苏轼贬逐到岭南的惠州，为了达到杀害苏轼的目的，他选派与苏轼父子有宿怨的程之才做广南东路提刑，目的是希望程之才利用职权之便，到辖区惠州继续迫害苏轼。

经历过“乌台诗案”之后的苏轼，早已是心神俱疲，杯弓蛇影，见章敦将程之才安排到自己的流放地，自然清楚章敦的险恶用心。

苏轼不知道程之才要用什么样的手段来对付自己，在无奈之下，便请广东程乡县令侯晋叔先就近在广州探询程之才的心思。结果，这一试探却出人意料，程之才虽然知道章敦要他来的真正用心，但他却有心利用此次机会，来化解程、苏两家数十年来的死结。

因为程之才是苏轼的亲表哥，毕竟是血浓于水。在程之才的努力之下，苏轼和程之才兄弟二人终于恢复了关系，表兄弟之间，书信往来不绝。除此之外，表兄弟两人还多次一起游山玩水，诗文唱和，相处愉快。章敦的阴谋诡计也只好宣告失败。

苏轼与程之才之所以能够尽化仇恨，再拾亲情，除了因为彼此年纪渐增，怨仇之念日消外，更重要的一点，是因为他们感怀一个共同的亲人——程夫人。她既是苏轼的母亲，也是程之才的姑妈兼岳母，她是两个人共同敬重的尊长。

正是因为有了这一条亲情的纽带，让苏轼在遥远的惠州平安地度过了人生的一次劫难，苏轼与程之才之间尽弃前嫌，重修旧好，再拾往日的亲情。

苏轼与程之才两人，真可谓是："渡尽劫波兄弟在，相逢一笑泯恩仇。"

第十三章　舐犊情深

在苏洵看来，女儿八娘应该是一个幸运星，在程氏生了八娘之后，苏洵又连得两子。

考虑到先取名字的大儿子景先最终早夭，老二出生之后，苏洵便吸取了教训，先给老二苏轼起了个表字，叫“和仲”——在古代，人们总把儿子按伯、仲、叔、季的方式取字，翻译成我们现在的话，就相当于老大、老二、老三、老四。

老二叫“和仲”，老三苏辙便叫“同叔”，“叔”本就是老三，“和”与“同”连在一起，也很顺应自然。另外，从这里还可以看出，苏洵对这两兄弟寄予的和衷共济、同甘共苦的美好愿望。只可惜家中仆人都是粗人，虽知老爷爱子心切，却无论如何也不会懂得苏洵这些文绉绉的表字含义，他们也不敢按苏洵的叫法，称这两位小少爷为“小二”、“小三”。于是，在两难之后，便因袭了眉山当地的习俗——在眉山，“九”代表小的，好的。这样一来，和仲和同叔便成了“九二”爷和“九三”爷。

仆人如此，自家人却没那么多规矩。为了简便顺口，苏洵在平时只称他们为“小二”和“小三”。“小二”从小话特别多，还很幽默，非常喜欢跟人聊天儿，是大家的开心果。而“小三”虽然没有“小二”那么能言善辩，却也聪明伶俐，招人喜爱。

人生在世，总要有几个发小儿，这对兄弟也不例外。

他们的发小儿之一便是史彦辅唯一的儿子史无奈。史无奈大名史吉，“无奈”是他的表字。因为史彦辅是苏洵的好朋友，这三个小孩从小关系就很好。

说到他们的初见，还有一个故事呢！

当初，史无奈本来兴高采烈地跟着老爹史彦辅来苏家做客，没想到，两个大人一见面，各自行礼，兀自聊天，把他这个小屁孩儿晾在了一旁，让他自己去玩。

史无奈素来不敢违抗老爹的命令，只好出了屋门，左寻右找，想找一点好玩的东西。但找了大半天，也没发现什么，只发现一根短木扁担。幸好他平时喜欢舞刀弄枪，尽管只找了根扁担，也能勉强凑合着玩。

他站在院子里，开始用一只手舞扁担玩。只见那扁担不停地在空中打转，还像风车那样，发出吓人的“呜—呜—”声。

就是这声音吸引出了苏家的一对兄弟，这小哥俩一向学文，哪见过如此阵仗？今日一看，不由得连声叫好。而这个史无奈偏偏是个人来疯，禁不得夸，没人夸还好，一见有人夸他，显摆得越发起劲，竟将身子躬了下去，把扁担放在背上，头甩腰动屁股扭，又换了个花样。小哥俩只看得目瞪口呆，更是佩服。

就这样，史无奈越耍越高兴，一直到惊动了屋子里的史彦辅，这才意犹未尽地止住卖弄。

史无奈爱卖弄的性子，由此可见一斑。但是，他的卖弄不仅体现在玩棍棒方面，还体现在吹牛方面。每当孩子们聚在一起玩的时候，他总说自己的先祖，就是唐朝时那个著名大将程咬金的好朋友史大奈，那可是个相当厉害的猛将！两兄弟本来就被他唬得一愣一愣的，这么一听，就更是佩服他了。后来，慢慢的，两个人在一起玩久了、混熟了，一向诙谐的两兄弟便想开开这史无奈的玩笑："无奈哥，你的名字叫史吉，听上去很吉利，可就是不能倒过来念呢。"

史无奈武艺虽好，脑子转得却没有这小哥俩快，所以很长一阵子，他都没有反应过来他们在说什么。过了一段时间之后，他才明白，自己的名字倒过来念，便是"鸡屎"。

他气得找到苏家兄弟，伸出拳头："你们都给我听好了，以后只能叫我史无奈，谁要叫我的大名，我就揍死他！"

苏轼和苏辙这小哥俩除了和史无奈关系比较好之外，这小哥俩还和史无奈的老爹史彦辅的关系也不错。史彦辅一向喜欢孩子，经常给孩子们讲古往今来许多稀奇古怪的事情，什么大侠郭解啊、朱家啊、朱安世啊，还有滑稽大师东方朔啊，让杨贵妃磨墨、高力士脱靴子的李太白啊，说到高兴的地方，他们总是在一起开怀大笑。

于是，无论白天黑夜、晴天阴天，只要一听说史彦辅要来家里讲故事，这两个孩子哪怕是端着饭碗，提着裤子，也要跑过来凑热闹。

时间一久，好奇的程夫人也和孩子们一起听上几句。程夫人是大家闺秀，出身于书香世家，从小受到的都是一些正统教育。她总觉得，史大伯讲的那些砍砍杀杀、借酒发疯、皇上和大臣开玩笑的事儿，虽然好听，但给小孩听多了总是没什么好

处。更何况，孩子们平时除了听这些，就是听爷爷苏序讲一些顺口溜儿和野史逸闻，什么屈原变成水鬼把楚怀王的魂儿勾走啦，程咬金为了练成他的三板斧，一不小心差点儿把史大奈的屁股砍掉一半啦等诸如此类俚俗的故事，而苏洵作为父亲，却总是离家在外，四处游学，孩子的教育全靠母亲来管，未免有点太不像话。

所以趁这个机会，程夫人生平头一次跟丈夫商量起孩子的教育问题了："以前孩子们都小，我管管就可以了，但现在孩子都这么大了，你这个当爹的，总该教他们一些正经的东西，也好给他们以后的科举打打基础吧！"

苏洵想了想，觉得妻子说得很在理，于是就点点头，把两儿子和八娘一道都叫了过来，打算给他们讲点有用的东西。可要说这有用的东西，说说容易，一时半会儿的，还真理不出个头绪。算了，既然如此，就给他们讲讲家史吧。我们生在苏家，总不能连祖宗是谁都不知道吧？

就这么下定决心，苏洵由此开讲："我们的祖先，可了不得啊！告诉你们，我苏家是远古颛顼大帝的后裔。颛顼大帝，也叫高阳皇帝。"

聪慧的苏轼急忙问道："爹，我们跟屈原是不是一个祖宗啊？"

"你小小年纪，何出此言？"苏洵心里很高兴，脸上却丝毫不露，一派严肃。

"您出去游历的时候，娘在家里教我学《楚辞》。我记得《离骚》里面的第一句就是：'帝高阳之苗裔兮，朕皇考曰伯庸。'我们既是高阳帝的后代，便应该与屈原是同一个祖宗啊！"

"好，好，孺子可教也！"苏洵点点头，摸摸胡子，一面对自己这些年与儿子接触少了有点后悔，一面也感激夫人如此贤良，竟然教了孩子这么多东西，所以在赞扬儿子的同时，他也向程夫人投去了感激的目光。

苏轼挠挠头，接着问道："可是如果出自同源，为什么屈原姓屈，我们却要姓苏呢？"

"世间人们的姓啊，大多是从先人居住的地方演变过来的。屈原的先人在楚国，有个叫子瑕的人，被楚王封到了屈邑，就是大江下边的秭归县，史书就把这个子瑕叫做屈瑕，屈瑕的后人，便都跟着姓了屈。"

"那我们的先人是被楚王封在苏邑么？"苏辙开口问了起来。

“没错，就是这样！好儿子，真聪明，没想到你才五岁，居然也会推论了。不过，我们祖先和楚王没关系，也不住在楚国。他们是住在遥远的北方，几千里外的燕、赵一带。周武王时，有个人叫忿生，是周朝的司寇。司寇是做什么的呢？是专门负责抓贼的。忿生勤奋努力，尽职尽责，后来立了大功，被周武王封在了苏国。只可惜好景不长，没过多长时间，诸侯割据，战乱不断，苏国被北方的狄人打散了，苏忿的后人为避战乱，一直南迁到了河南洛阳和温县。到了秦朝的时候，又迁到了渭河南岸的武功县，这个地方后来被秦始皇改作武功郡。汉代的大将军苏建便是武功郡人，所以天下苏姓都以武功郡作为‘郡望’，也就是说，苏姓家族最有威望的时候，就是在武功那里住着的时候。”

“可是，史无奈说他们家姓史是因为他们的祖先做过史官，这又是怎么回事呢？为什么他们不是因为被封在什么地方就姓什么的呢？”苏轼停了一下，又问道。

“哈哈，小子，你人不大，疑问还不少，还句句都问到点子上。这个问题不错，但是别着急，且听我慢慢道来。没错，汉人的姓有各种各样的起因。虽然大多数都像我们苏家和屈姓那样，是从封地叫起的，但也有根据所做的官职为姓的，就像史姓的先人，在春秋战国时期，晋国史官名叫子黯，人们就称他为史黯；卫国的史官叫狗子，后来人便称他为史狗。注意啦，叫史狗，可不能倒过来，说成是‘狗屎’啊！”

“哈哈哈哈”，“哈哈哈哈”，这回全家都笑了起来。

过了一会儿，还是程夫人首先认识到了问题的严重性，她止住了笑容，神情严肃地对孩子们说：“你们记住了，在这里，我们怎么说都行，但在史彦辅家人面前，可不许这么说，特别是轼儿，你那张嘴跟你爹一个样子，以后必须要注意了！不能想说什么就说什么！”

“娘，这个我知道。要是说的话，我就说史彦辅他们的先人有个史黯，和娘您常说的汉代有个正直的大官汲黯，说不定还是一个祖宗呢！”

“好，好！你要是这样说，史彦辅可就高兴了，他最佩服汲黯了！”苏洵满意地说。

见到弟弟连连发问，一向受宠爱的八娘也看着父亲，鼓足勇气，瞪大眼睛，问道：“娘曾经给我们讲过战国时苏秦的故事，说他在家读书时，要是困了，就用锥子往自己身上扎，扎醒了再接着用功读书，难道他也和我们家有关系吗？”

苏洵抚摸着女儿的头说：“你虽然是女孩子，但这种聪明劲儿却一点都不比男孩差啊，好女儿！”

苏洵先夸了女儿八娘，然后又对几个孩子说：“没错，八娘说的这个苏秦，也是我们苏家的先祖。他是一个了不起的人物，苏秦生活在东周时期，家在洛阳，他跟你爹我一样，自幼也喜欢游山玩水。但总是这么玩也不是事儿，所以后来，他跑到了齐国，拜了鬼谷子为师，和鬼谷子读书学艺。学成之后，他信心满满地去了秦国，求见秦王，给秦王上了十次书。但他没想到的是，尽管他一腔热血，满腹经纶，但秦王却连理都没理他。苏秦只好回到家中，垂头丧气，狼狈不堪。他的兄弟姐妹们不但不安慰他，还一起嘲笑他，嫂子也不给他做饭吃，就连家里的佣人都对他冷眼相向，不给他补衣服。受此冷遇，苏秦下定决心，闭门不出，苦读多年，饿了吃点残羹剩饭，渴了就喝些凉水。功夫不负有心人，几年之后，他终于满肚子都是学问，说起话来滔滔不绝，写起文章下笔千言。这时，他重整旗鼓，先后去了齐国、楚国、韩国、赵国、魏国、燕国，游说它们六国合在一起，叫做‘合纵’，共同对付西边的秦国。这些国君们正被秦国逼得无路可走，便觉得苏秦的话特别有道理，于是六国合纵，让苏秦当上合纵长，挂着六国帅印，齐心协力，抗击强秦。众人拾柴火焰高，没过多久，强大的秦国就顶不住了，再也没法东进一步。六国国君都很高兴，赏赐给苏秦很多金银财宝、绫罗绸缎。苏秦带着这些东西，得意洋洋，衣锦还乡。人们一看到他车马成群，侍从无数，不要说他的兄弟们见了他低声下气的，就连他的嫂子和弟媳妇们，也都做好最拿手的菜，送到他的手里呢。按理说，换了别人，看到世人如此，必然会联想到之前所受的冷遇，就算不打击报复，也要讽刺挖苦他们一番。但大度宽容的苏秦却一点都不记仇，不仅不计前嫌，还分给他们许多金银财宝。这个苏秦，就是我们的祖先之一，他不仅本事大，文章也写得好，只可惜那些文章很少有留下来的。不过，他写的那些文章，着实是真知灼见、字字珠玑啊！”

苏洵神采飞扬，一口气说了这么多话，早已口干舌燥。程夫人见状，急忙放下怀中的苏辙，递过一碗凉茶，让他润一润嗓子，同时也想让他就此打住。程夫人是读过史书的，她知道苏秦的结局可不太好，而丈夫也正是因为迷恋苏秦的为人和文章，才考不上进士的，所以，她可不想让丈夫再领着孩子们也走上这条道儿。

然而，程夫人万万没想到，还没等苏洵的水喝完，苏轼便又追问起来：“爹，既然苏秦如此了得，就该带着六国大军把秦国打垮才对，怎么六国后来反而被秦国灭了呢？”

苏洵叹了口气，将碗递给夫人，抹了抹嘴，接着说道：

“咳，还不是因为后来又出了一个张仪吗？秦国对付不了六国，便请张仪为相，张仪使出了‘连横’的手法，就是收买六国中的楚国奸臣，并许诺割给楚国六百里地，让楚国帮助秦国。本来，楚国的屈原看穿了秦国的诡计，想劝楚怀王不要上当，但这个楚怀王贪一时之利，硬是不听屈原的劝阻，答应了秦国的要求，破坏了六国联盟。结果，秦国借助楚国的力量，先把六国里最强的齐国打败了。偏偏齐国里面也有小人，自己战败之后，不从自己身上找原因，反而合谋把失败的罪过加在了苏秦头上，说全是合纵计策把齐国害了，齐王一生气，就把苏秦给处死了，六国同盟也就随之瓦解了。这时，楚王派人去找张仪索要六百里地，张仪却说，我说六百里了么？我说的是六里地啊！直到此时，楚怀王才知道上了当，又与秦国反目为仇。可是齐、魏五国吸取了教训，根本就不再帮他。就这样，楚国就被秦国灭掉了，屈原也因此自投汨罗江，含恨而死了。”

还没等苏洵讲完，心地善良的八娘就已因为可怜屈原的遭遇，低下头来，眼噙泪水，苏辙也沮丧地把头埋进母亲怀里。只有苏轼在一旁愤愤不平地叫道：“张仪固然可气，可楚国和齐国的那些小人，行径连张仪都不如；还有那个楚怀王，他哪里配当国君？就和一个爱占小便宜的贩夫走卒差

不多，要是我，给我两个六百里地，我都不干！”

听到苏轼说出如此豪气的话来，苏洵不禁抚掌大笑，连连称赞：“真是爹的好儿子，你的胸怀和见识都不错！你说的话，正是你爹我想说的！”

第十四章　养教父幸

《三字经》中说："养不教，父之过；教不严，师之惰……"苏洵虽然整天游手好闲，但他作为父亲，却也深知教育子女的责任重大，更何况，身边还有一个非常贤惠的妻子程氏总是在提醒他，要他重视对子女的教育。

只可惜，苏家的老祖父苏序是一个非常随性的人，再加上苏洵少年时代也是喜欢游山玩水、自由自在的性格，所以这两个孩子的脾气很像父亲和爷爷，自小十分顽皮，只爱戏耍不爱读书。所以，任凭苏洵对两个孩子磨破了嘴皮子，怎么说教都不起作用。

在这种情况下，苏洵苦思冥想多日，终于下定决心，决定改变自己的教育方法。从那以后，每当孩子们在一起玩得兴高采烈的时候，他就偷偷摸摸地拿着一本书，故意躲到角落里读，只要孩子们一过来，他便装作若无其事的样子，故意将书"藏"起来，还挥挥手，让孩子们继续去玩。

他这样做，一回两回并没什么效果，可是，次数一多，自然就激发了孩子好奇的天性。苏轼和苏辙就越来越奇怪，小哥俩私下里一商量，认定父亲一定是在瞒着他们，独自在看什么好玩的书。出于强烈的好奇心，他们俩经常趁父亲不在家的时候，合谋把父亲的书“偷”出来，读完之后，再偷偷地将书放回去。

随着两个孩子偷读的书越来越多，他们的学习态度也越来越认真了，对父亲书房里的书视若珍宝。就这样，一来二去，两个孩子逐渐养成了爱读书的好习惯。

时光流转，岁月易逝，眼看着两个孩子越长越大，到了该去学堂里读书的年纪，苏洵便去和老父亲苏序商量，看应该把孩子送到哪里读书？师承何人？

老爷子苏序笑着告诉苏洵：“天庆观里的张道长正好前两天张出榜来，要在眉山招收学徒。这个张道长，除了他看上的道童之外，外人一概不收。说不定这次张榜，就是冲着我这两个宝贝孙子来的呢！”

苏洵知道，父亲苏序虽然是一个山野之人，但他跟张道长之间交情不浅。父亲这么说，一定是希望孙子们能跟随张道长读书，于是就点点头，顺水推舟地说：“那就听您的吧。”

苏序见儿子十分恭顺，正中下怀，十分高兴。

苏洵前脚征得了父亲的同意，后脚还要问一问夫人程氏的意见，毕竟她知书达理，一向对事情很有见地。

没想到，程夫人答应得十分痛快，二话不说，举双手赞成。不过，除了认可丈夫的提议外，她还特意提醒苏洵：“既然让孩子出去读书，也该给他们起个学名了，小名虽然叫着亲切，但总觉得不太正式，上不了台面。”

在苏洵之前，苏洵的两个哥哥都已得子。

大哥苏澹生了两个儿子，一个叫苏位，另一个叫苏佾，全是“人”字边的——但他们的嫡祖，也就是唐代眉州刺史苏味道的二儿子叫苏份，也是人字边儿的，所以苏澹给儿子们如此取名，虽不自知，却还是犯了先人的避讳，总不太好；到了二哥苏涣生子的时候，可能知道了这一点，便给三个儿子全取三个字，老大苏不欺，老二苏不疑，老三苏不危，都以“不”字打头，这样一来，便绕开了先人的避讳。

但是名字事关重大，不全是绕开先人避讳就可以的。苏洵觉得既然养了儿子，就要给他们起一个响亮好记的名字。于是，他翻遍《诗经》、《楚辞》，都不太满意，又到《周易》、《论语》里找了半天，发现那里面的字和词儿，不是太熟，就是太玄，过了好多天，也没定下来。

直到有一天，他又打算出远门。就在准备车辆时，突然觉得车前让手扶着的那块横木很有意思，于是就想起《战国策》中《秦策》里有这么一句话：“伏轼撙衔，横历天下。”

苏秦当年漫游六国，可能就是把身子伏在车前横木——“轼”的上面，手拉着马的衔辔而纵横驰骋的。如此看来，这车前横木虽说没多大作用，却一木当先，必不可少，正像那个“小二”——事事争先，锋芒毕露。既然如此，就将“小二”的名字定为“轼”吧！

“小二”叫苏轼，“小三”叫什么呢？俩人同父同母，兄弟情深，名字当然也应是车字边儿。“小二”的名字取于《战国策》，“小三”的就去《左传》里找吧。《左传》中有一篇《曹刿论战》，说敌军退却时，曹刿不让部队马上就追，而是“下视其辙，登轼而望之”，见到敌军“辙乱而旗靡”，就是说见到敌人乱了阵脚，是在逃跑，曹刿才说“可矣”。那么“小三”就叫苏辙吧，因为这个小娃儿，无论做事说话，总是跟着哥哥走，现在哥哥叫了“苏轼”，他叫“苏辙”

便是十分合适的。

就这样思虑一番后，苏洵既激动又开心，忙去通知程夫人。程夫人听到这两个名字，很是赞同。关于此事，在快到四十岁的时候，苏洵曾经写了篇文章《名二子说》，在那里，他明确提到了取名的原因。

对长子苏轼，苏洵写道："轮辐盖轸，皆有职乎车，而轼独若无所为者。虽然，去轼，则吾未见其为完车也。轼乎，吾惧汝之不外饰也！"

"轼"是古代车前用作乘车人扶手的横木，和车轮、车辐（支撑轮圈的细条）、车盖、车轸（车底的横木）相比，"轼"仿佛没什么作用。可是，如果一辆马车没有车上扶手的横木，总让人觉得不完整。

苏洵取此名，是希望苏轼能够察言观色，掩饰真心，遇事不要冲动，对人不能过于坦诚。

对次子苏辙，苏洵写道：“天下之车莫不由辙。而言车之功，辙不与焉。虽然，车仆马毙而患亦不及辙。是辙者，善处乎祸福之间也。辙乎，吾知免矣！”

“辙”就是马车行走留下的印迹。苏洵说，天下的马车行走都遵循前车的印迹行走，可说起马车的功劳，大家根本不会提到车辙。虽然车辙无功，但一旦车翻了马死了，出了祸事了，车辙也不会受到牵连。苏洵的意思是说，如果苏辙能够甘心做一个车辙，虽然不能大富大贵，但也可以免于灾祸。

第十五章　夜雨对床

苏洵曾经失去了长子和长女，后来活下来的苏家兄弟二人，小的时候也都不是十分健康，苏辙“少年尝病肺”，到秋天脾肺都不佳；苏轼也说他自己：“少年多病怯杯觞。”

但兄弟二人性格互补，手足情深。在读书的时候，因为苏轼聪慧，常常得到老师赞扬，一来二去，他的尾巴越翘越高，竟然颇为自负地在自己房前贴了一副对联：“识遍天下字，读尽人间书。”母亲程氏看到后，批评了他，于是，苏轼自省之后，灵机一动，把对联改为“发愤识遍天下字，立志读尽人间书”。

因此，苏轼从小也就“奋厉有当世志”，兄弟俩熟读经史，纵论古今，苏辙曾经写过一首诗《初发彭城有感寄子瞻》给哥哥，在诗里，他这样回忆：

秋晴卷流潦，古汴日向乾。
扁舟久不解，畏此行路难。
此行亦不远，世故方如山。
我持一寸刃，巉绝何由刊。

念昔各年少，松筠閟南轩。
闭门书史丛，开口治乱根。
文章风云起，胸胆渤澥宽。
不知身安危，俯仰道所存。
横流一倾溃，万类争崩奔。
孔融汉儒者，本自轻曹瞒。
誓将贫贱身，一悟世俗昏。
岂意十年内，日夜增涛澜。
生民竟憔悴，游宦岂复安。
水深水益热，人知蹈忧患。
甄丰且自叛，刘歆苟盘桓。
而况我与兄，饱食顾依然。
上愿天地仁，止此祸乱源。
岁月一徂逝，尚能反丘园。

有一天，苏轼带着苏辙游巫山。山上一位老道听说神童苏轼光临，便想当面考考他。老道想来想去，出了个异字同音对："无山得似巫山好。"苏轼不假思索，立即对出下联："何叶能如荷叶圆？"老道听罢，连连称好。

此事本已作罢，谁知，一直在旁边默不做声的苏辙却开了口："兄长的下联对得不甚工稳，改为'何水能如河水清'怎么样？"众人一听，齐声称妙。自此以后，人人都知道苏轼有个才华横溢的弟弟叫苏辙了。

两兄弟曾在晚年同时被贬。分手时，因为知道体弱的哥哥常常因诗获罪，苏辙要苏轼答应他两件事，第一不再写诗，第二不再喝酒。

为了不让弟弟担心，苏轼不加考虑，满口答应。结果清醒时能管住自己，梦里却大摇大摆地违了约——文人本性不改，梦里写了首诗，一觉醒来，回忆此事，想来想去，还是心痒难耐，就把这首诗记录下来了。落笔之余，又一想，反正答应的不写诗也没做到，干脆再喝杯酒吧。

虽然两人的个性不尽相同，苏轼像他的父亲苏洵，喜欢收藏，游山玩水，敢说敢做，爽朗豪放；苏辙则沉默寡言，性格内向。

苏轼整理文集的时候，虽然明知有一处引用的典籍记错了一个地方，也不加修改。而苏辙在整理文集的时候，遇到不合适的地方，总是作一些改动。可真正最让人感动的，应该还是他们兄弟之间的情谊。

初读苏轼的《水调歌头》，以为他是写给妻子的。“但愿人长久，千里共婵娟”，不是更适合表达夫妻之间在月夜中的互相思念吗？看了词前小序，才知道苏轼是怀念他的弟弟苏子由。“人有悲欢离合，月有阴晴圆缺，此事古难全。”自古以来，世上就难有十全十美的事，既然如此，又何必为暂时的离别而感到忧伤？于是，他对弟弟发出了“但愿人长久，千里共婵娟”的祝愿。是啊，经过了这么多事，经过了生死劫难，人仍在，仍可以在以后的岁岁年年的中秋共守一轮圆月，相互怀念，相互祝福。

想当年父亲带着他们一起离开故乡到遥远的东京去参加科考，兄弟俩是同科，两人一起步入仕途。虽然苏辙不如苏轼有名，但苏轼自己却常常说其实他不如子由，“至今天下事，去莫如子猛”。称赞其弟文章：“汪洋淡泊，有一唱三叹之声，而其秀杰之气，终不可没。”

兄弟两人一生几十年间，无论相聚分别，诗文往来从未间断。每次到一个新的任所，苏轼都要给子由寄信赠诗。因此，苏轼一生以《示子由》、《别子由》、《和子由诗》等为名的诗超过一百多首。在《初别子由》里，苏轼这样写道：

我少知子由，天资和而清。
好学老益坚，表里渐融明。
岂独为吾弟，要是贤友生。
不见六七年，微言谁与赓。
常恐坦率性，放纵不自程。
会合亦何事，无言对空枰。
使人之意消，不善无由萌。
森然有六女，包裹布与荆。
无忧赖贤妇，藜藿等大烹。
使子得行意，青衫陋公卿。
明日无晨炊，倒床作雷鸣。
秋眠我东阁，夜听风雨声。
悬知不久别，妙理重细评。
昨日忽出门，孤舟转西城。
归来北堂上，古屋空峥嵘。
退食误相从，入门中自惊。
南都信繁会，人事水火争。
念当闭阁坐，颓然寄聋盲。
妻子亦细事，文章固虚名。

会须扫白发，不复用黄精。

苏轼以诗成名，也以诗获罪。在著名的“乌台诗案”中，苏轼于湖州（浙江湖州）被捕。在狱中，苏轼自感无望，难逃一劫，便想尽办法，央求好心的狱卒将自己的两首诗转交给弟弟苏辙。其中一首这样写道：“是处青山可埋骨，他年夜雨独伤神。与君世世为兄弟，更结人间未了因。”

苏辙读了这首近乎是交代后事的“绝命书”之后，声泪俱下，心如刀绞。来生，真的会有来生吗？苏辙不信。与其期待来世，不如把握今生。苏辙要救哥哥。

为了这个目标，苏辙几次上奏神宗皇帝，愿免一身官职来赎兄罪，却被压下未报。不过，皇天不负苦心人，就在他不断的努力之下，范针镇和张方平终于也上书皇上了。

这两个人都说苏轼在文学上是旷世奇才，希望宽大处理。到了最后，就连苏轼的政敌王安石的弟弟王安礼也仗义执言，对皇上说：“自古大度之君，不以言语罪人”，杀了苏轼，“恐后世人谓陛下不能容才”。

就这样，苏轼免了死罪，贬谪黄州。接哥哥出狱时，苏辙特捂其口，以示三缄其口。

苏轼骑马赴任，眼看离京师越来越远，猛一回首，看到苏辙的乌帽随着山坡的起伏而忽隐忽现的情景，顿生悲悯和忧伤，感叹道：“此生，还能实现与子由‘对床夜雨听萧瑟’的约定吗？”原来，苏轼少年时，读到唐代韦应物的“宁知风雪夜，复此对床眠”的诗句，很是喜欢，立即与弟弟约定“夜雨对床”，后来两人在互答诗中不断提起。然而，人生浪迹萍踪，偶然相聚便相离，兄弟俩的“夜雨对床”之约终成画饼。

宋徽宗元符三年（公元 1100 年）六月，苏轼六十三岁，从南方的儋州（海南岛）北返；次年，建中靖国元年（公元 1101 年）五月，遇上瘴毒，停在常州（今江苏常州）；六月，上表朝廷请求辞官退休，八月二十四日，死在当地，享年六十四岁。

得知苏轼死讯，吴越地方人士无不涕泣。弟弟苏辙这时居住在颍川（今河南许昌市东），原先在四月时，他已寄书给哥哥苏轼，劝他一起到颍川同住。苏轼临死时，以不见苏辙为憾，留下遗言，要苏辙葬他于嵩山之下，并为他作墓志铭。

苏辙得知消息后，痛哭道："小子忍铭吾兄。"于是写墓志铭详述苏轼一生，并派幼子苏远前往祭奠。

维建中靖国元年岁次辛巳，九月己未朔初五日癸亥，弟具官辙，谨遣男远，以家馔酒果之奠，致祭于亡兄端明子瞻之灵。

呜呼！手足之爱，平生一人。幼学无师，受业先君。兄敏我愚，赖以有闻。寒暑相从，逮壮而分。涉世多艰，竟奚所为。如鸿风飞，流落四维。渡岭涉海，前后七期。瘴气所烝，飓风所吹。有来中原，人鲜克还。义气外强，道心内全。百折不摧，如有待然。真人龙翔，雷雨浃天。自儋而廉，自廉而永。道路数千，亦未出岭。终止毗陵，有田数顷。逝将归休，筑室凿井。呜呼！天之难忱，命不可期。秋暑涉江，宿瘴乘之。上燥下寒，气不能支。启手无言，时惟我思。念我伯仲，我处其季。零落尽矣，形影无继。嗟乎不淑，不见而逝！号呼不闻，泣血至地。兄之文章，今世第一。忠言嘉谟，古之遗直。名冠多士，义动蛮貊。流窜虽久，此声不没。遗文粲然，四海所传。《易》、《书》之秘，古所未闻。时无孔子，孰知其贤。以俟圣人，后则当然。丧来自东，病不克迎。卜葬嵩阳，既有治命。三子孝敬，罔留于行。陟冈望之，涕泗雨零。尚飨。

不仅如此，十年以后，苏辙临终时，还命子孙将其遗骨安葬在兄长身边，此墓地有“二苏坟”之称。就这样，兄弟二人终于完成了“对床夜雨听萧瑟”之约。

古今中外，历史记载过许多父子反目、兄弟成仇、手足相残的故事，那些血淋淋的争斗，那些黑漆漆的尔虞我诈，无不向人们展示着无与伦比的惨烈、悲戚和不幸。幸好在那些之外，历史还有温情的一面。

至少，在那遥远的东方，还有苏家三父子，在苏洵和程氏的教育之下，苏轼、苏辙不仅才华贯日，而且手足情深。关于他们的古老故事，无论何时，都会像沙漠里的绿洲和暴风雨中的灯塔那样，温暖着人们的心灵。

第十六章 老泉发愤

《三字经》是中国的传统启蒙教材。它取材于各种典故故事，包括中国传统文化的文学、历史、哲学、天文地理、人伦义理、忠孝节义等，而核心思想又包括了“仁，义，诚，敬，孝”，是最浅显易懂的读本之一，同时也是幼儿的启蒙读本，在格式上，它三字一句，朗朗上口，因其文通俗、顺口、易记等特点，其与《百家姓》、《千字文》并称为中国传统蒙学三大读物，合称“三百千”。

凡是读过《三字经》者都一定会记得这样一句话：“苏老泉，二十七，始发愤，读书籍。”这人尽皆知、耳熟能详的句子，说的正是苏洵人生中的一个重要转折点。

就在二十七岁那年，这个在别人眼中不成器的苏老泉突然发愤读书，虽然最终没能在科举考试中金榜题名，但是，在他死后，却也在“唐宋八大家”中占得了一席之位。

其实，早在苏洵结婚后的第五个年头，也就是在苏洵二十四岁那年，他的母亲史太夫人不幸病故了。当时，苏洵的二哥苏涣正在外地做官，闻得此讯，急忙赶回家，离职丁忧，为母亲守丧三年。

说到这个丁忧制度，还真是有点特别。

在古代，父母死后，子女必须按礼持丧三年，其间不得行婚嫁之事，不预吉庆之典，任官者并须离职，称“丁忧”。这个习俗源于汉代，在汉末，丁忧去官很通行，非但是父母三年之丧要丁忧，就是兄弟姊妹之丧也要丁忧。

陶渊明的诗里有说及奔妹丧的，潘安仁《悼亡诗》也有说及奔丧的，可见丁忧之风在当时很兴盛。

宋代，由太常礼院掌其事，凡官员有父母丧，须报请解官，服满后起复。西汉时规定在朝廷供职人员丁忧（离职）三年，至东汉时，丁忧制度已盛行，此后历代均有规定，若匿而不报，一经查出，将受到惩处。

但朝廷根据需要，不许在职官员丁忧守制，称夺情，或有的守制未满，而应朝廷之召出来应职者，称起复。到明代把它定为律令，除了父母丧不必去官。

清吴荣光《吾学录·丧礼门二》载：“丁忧事例。《会典》：内外官员例合地制者，在内（在朝）由该部具题关给执照，在外（在地方）由该抚照例题咨，回籍守制。京官取具同乡官印结，外官取具原籍地方官印甘各结……开明呈报，俱以闻丧月日为始，不计闰二十七个月，服满起复。”又“督抚丁忧，不得遽行送印，其任内文卷，择司道一人代行，听候谕旨方准离任”。

武将丁忧不解除官职，而是给假一百天，大祥、小祥、卒哭等忌日另给假日。在丁忧期间，官员唯一的任务就是为父母守孝报恩。在丁忧期间，夫妻要分开居住，吃、住、睡都在父母的坟前旁边，停止一切的娱乐和应酬。

丁忧的道理是什么呢？就是要报父母的恩，孩子一出生，三年之内都离不开父母，时时刻刻都需要父母的照料，所以对父母晚年要尽心尽力，父母不在了，做子女的也要时时想念他们，至少在坟前守孝三年。

儒家讲："慎终追远，民德归厚。"这是中华民族的传统，也是历朝历代都举行盛大仪式祭祀先祖的原因所在。这不但是孝道的教育，更是人性本善的维护。父母对我们的恩情是最重最大的，如果我们连父母的恩情都忘了，又怎么能爱别人、爱社会、爱国家呢？

因为苏洵的母亲亡故，苏家兄弟两个终于走到了一起。兄弟相聚，免不了聊起各自的前途。苏涣有意问道："三弟啊，你游历了那么多的名山大川，能不能写点文章，让我看看这纸上山川如何雄秀奇美啊？"

这一下真的把苏洵难住了，他确实走了不少地方，也觉得满肚子都是锦绣河山，却不知如何将它写到纸上。见其窘状，苏涣微微一笑，略转话题："三弟，你别着急，哥哥我还有一件心愿，想请三弟帮助圆了。"

苏洵忙问："什么心愿？"

"我们苏家先人原是很有一些来历的，可自大唐以来，只知眉州刺史苏味道是我们的先人，往后就语焉不详了。从下往上推，也只知道祖父叫苏杲、曾祖叫苏祜。三弟既然喜欢周游，何不找些老人聊聊，再去查查别人的族谱，然后把我们苏家族谱编出来呢？"苏涣慢慢说道。苏洵一听，觉得这件事不像读书那么枯燥，做起来还蛮有意思，便一口应诺下来。

从此之后，苏洵开始走访眉山的程家、史家，参考他们的族谱和先人的往来书信，再加上眉州府里还有些陈年案卷，追根溯源，很快就查到了唐朝刺史苏味道的名字。然后顺藤摸瓜，再往前，居然查到了汉代的苏建和苏嘉、苏武、苏贤三兄弟，还有先秦的苏秦和苏公。越查下去，苏洵的兴趣也就越浓，为了弄明白这些人的来历，他为自己列下了长长的书单，把《史记》、《汉书》，还有更早的《左传》、《国语》、《战国策》都罗列到床前案头，读了个通透，一直读到二哥“丁忧”期满，离家上任为止。

虽然在这段时间内，苏洵依然不忘游山玩水，被史彦辅和陈公美两人拉着，把峨眉山玩个里外透彻。游山途中，听说西北数百里外的岷山也很壮美，又去岷山转悠了半年，但经历了整理族谱一事后，苏洵逐渐发现自己在文字方面心有余而力不足，只有努力学习，发奋读书，才能将心中所思形诸文字。

也正因为那次苏涣的提议，苏洵专心修谱，在谱学领域贡献巨大，他创造了现代修谱方法之一的苏氏谱例，即其体平列，世序直陈，用表格的形式记述先祖世系。在表中人名下注其仕宦、行迹、配偶、死葬、享年并依次书写子孙后代，各代标明辈分。其谱例以五世为表，以宗法为则，详近而略远，尊近而贬远，主张睦族、恤族、化俗。其特点是篇幅大，记载内容多。苏氏谱例与欧阳修创立的另一谱例一道，被世人称为“欧苏谱例”。时至今日，其体例仍然是许多地方和姓氏的修谱范例。

随后，苏轼，苏辙两个儿子相继降生，苏洵读书的态度就更加严肃起来。有一天，苏洵像往常一样随手翻阅书籍，无意中发现谢安写过的一篇关于古人爱惜时间、刻苦攻读的故事。他认真地读了一遍，觉得这个故事很生动，又读了一遍，更加感到有意义，于是他反复读了好几遍，每读一遍，就有一次收获。他觉得这故事好像是专门为自己写的一样，心中不由得发

出感慨：时光无情地飞逝，自己已经快到而立之年了，虽然写过一些文章，却都是些平庸之作，没有什么大的建树。现在不努力，还要等到什么时候呢？

恰巧当时，他的哥哥，他的内兄，还有两个姐丈也都已科考成功，为官做吏。此等情事，即便平庸之才都会受到刺激，觉得含羞带愧，脸上无光，更何况天赋智力如此之高的苏洵呢。

所以，在晃悠了二十多年之后，苏洵终于开始发愤读书，虽然在功名方面，始终没有什么作为，却在学术和论辩上，一枝独秀，终成一代名家。

第十七章　雾里功名

自发愤读书之后，经过一年多的时间，苏洵觉得自己有了不少长进，就急急忙忙地参加了录取秀才和进士的考试，谁知，造化弄人，两次考试都无一例外地名落孙山。

关于此事，欧阳修在《苏明允墓志铭》中有记载："（苏洵）年二十七始大发愤，谢其素所往来少年，闭户读书为文辞。岁余，举进士再不中。又举茂才异等，皆不中。悉焚常所为文，闭户益读书，遂通《六经》、百家之说，下笔顷刻数千言。"

欧阳修所言虽有夸大成分，但在那段时间，苏洵的确阅读了大量的书籍，精通《六经》和诸子百家学说，又同时对古今是非成败的道理进行探讨，具有了渊博的知识和惊人的才智。

但是空有满腹才华却无人赏识，这到底是因为什么呢？苏洵备受打击，郁闷不已。不过，他并没有灰心丧气，而是决定重新振作起来，只是苦于一时理不出什么头绪，更不知从哪里开始做起，所以他陷入了沉思。

有一天，苏洵在书房里整理自己以前写的书稿时，发现了自己的不足之处。他想，连自己都感到不满意，又怎能让它们在世上流传呢？于是，他当机立断，将这数百篇书稿统统抱出屋去，放在一个空地上，点上一把火，化为灰烬。焚稿后，如同放下了一个沉重的包袱，苏洵更加轻松愉快地刻苦学习了。

二十九岁那年，苏洵又去汴京参加礼部大试，程氏在家等了一年多，终于看见苏洵灰头土脸地铩羽而归。

考进士落榜，长兄病逝，举茂才不成，长子夭折……那段时间，的确是苏洵人生中的一段黑暗期。所幸他有个好夫人，在和他一起承受接连打击的同时，程夫人劝他说："考不上也就罢了，何必如此认真，连家都不回呢？"

苏洵笑着说："夫人哪，你以为我是因为没能中举，才把自己弄得狼狈不堪？非也，非也。告诉你吧，那些翰林学士和考官的狗屁文章，看起来花团锦簇，其实都是些中看不中用的东西，我看着实在好笑！我这副脏苦模样，是因为游历了长安的武功郡，还有河北赵郡那个穷乡僻壤，那儿都是苏家的郡望，我去那里考察咱苏家的族谱了。夫人有所不知，我们苏家祖上人才济济，远古的苏公，战国的苏秦，还有汉代的猛将苏建，他的儿子苏贤、苏武，都是我们苏家的老祖宗！"

"好啦，好啦，既然如此，那这次你回来以后，就别再考虑别的，好好地在家编写族谱吧，三个孩子都已懂事，该学点正经的东西才对，我教他们也教不出个道道来，你这个当爹的，也该尽些责任了。"程氏终于说出了心中郁积了多时的话语。

苏洵嘴上答应着，其实还是任着孩子们跟着爷爷玩去，自己仍与史彦辅、陈公美等人到处周游，回家时便埋头读他的《战国策》。

其实，苏洵作为父亲，本应当希望自己的孩子成龙成凤，不说光宗耀祖富贵终生，至少也该出类拔萃、与众不同吧。可苏洵为何竟如此做呢？这和苏洵坎坷的求官经历不无关系。

后人提起“三苏”，多称道“一门三进士”，甚至有人认为“三苏”是同时考中进士，其实不然。《宋史》记载：“岁余举进士，又举茂才异等，皆不中。”苏洵二十七岁立志读书，二十八岁开始参加科举考试，之后又参加茂才异等的考试，但是都没有考中。此后苏洵还考了十多年，但都没有考取进士。

嘉祐二年（公元 1057 年），父子三人一起来到京师，在那次科考中，苏轼和苏辙兄弟高中，而苏洵则一如既往地名落孙山。当两个儿子一考即中之后，苏洵不无伤感地写道：“莫道登科易，老夫如登天。莫道登科难，小儿如拾芥。”

转眼间，苏洵参加科举已经二十余年，依然是一无所成。进士功名对于儿子们来说，如此轻而易举，对于苏洵来说，却是那么的可望而不可即，原因除了宋代进士一科选拔名额较少，一般一科也就二三十人的因素外，最重要的原因就是苏洵那倔强傲慢、无所顾忌的性格了。

其实在三十岁左右，苏洵的文章就已经写得非常不错了，只可惜名声不出蜀中。当时天下文风以诘屈聱牙，讲究典故铺陈的“太学体”为主，而苏洵文章往往陈诉时弊，矛头直接指向当时的国家大政。文章不受待见，搞搞人际关系总可以吧？偏偏一身傲骨的苏洵又不屑于拜望结交地方官员，就算是和家族当中有功名的亲属，也刻意划清界限，保持自身的高洁，既然如此，地方上那些庸碌的官员也自然不会把苏洵的名字报上去。

苏洵虽然几次考试都失败了，但他也并不十分看重，而是听从夫人的建议，专心在家修订家谱。

在那段时间里，他有时在家闭门苦读，精研《六经》。有时奔走四方，求师访友，一年到头忙个不停。

就在他三十九岁那年，苏洵游学到京都，与好友史经臣等同举制策，但依然没有考中，就在准备回家的时候，恰好遇到自阆州解官还朝的兄长苏涣。

在归乡途中，苏洵又于庐山结识了庐山郡太守雷简夫，游览了著名圣地东西二林寺，特别是拜访了圆通寺的老僧。后来又南游至虔州，游马祖岩，还去天竺观观看了白居易墨迹。

除此之外，苏洵又去了临江，直到八月，得知父亲苏序去世的消息，才急切地赶回家中，以便服丧。而苏涣当时正在京城担任监裁造务，闻父去世，亦回家服丧。

虽然在当时的社会环境下，考取功名是众人皆知的主流，但人最重要的是了解自己、认识自己。做人做事就应该像苏洵那样，凡事自然一点就好，强求终归无用。只要是努力过、奋斗过，即便未能成功，也可说是无憾了。

第十八章　纵横周游

皇祐初年（公元1049年），年方四十岁的苏洵来到岷山白云溪游玩，在那里，他结识了隐士张俞。张俞（《宋史》作张愈），生卒年不详，北宋文学家，字少愚，又字才叔，号白云先生，益州郫（今四川郫县）人，祖籍河东（今山西）。著有《白云集》，已佚。

这个张俞的年龄其实跟苏洵差不多，也是胸有大志、狂放不羁之人，平生最喜好游学四方，却在科举考试中屡次碰壁。

后来因为朋友众多，才名在外，才被朋友举荐，经过考试，录用，成了秘书省校书郎。但是，张俞对官场没什么兴趣，任命下来之后，他让父亲代替自己去做官，而自己还在家里隐居。

张俞虽六诏不起，遨游天下山水三十余年，却非常重视地方的文化教育事业，率先创办了“少愚书院”，以儒家经典为教材，亲自教授。明代时，“少愚书院”被改名为“子云书院”。

《东都事略》卷一一八、《宋史》卷四五八有传：“张愈字少愚……宝元初，上书言边事，请使契丹，令外夷相攻，以完中国之势，其论甚壮。用使者荐，除试秘书省校书郎，愿以授父显忠而隐于家。文彦博治蜀，为置青城山白云溪杜光庭故居以处之。丁内艰，盐酪不入口。再期，植所持柳杖于墓，忽生枝叶，后合抱。六诏不应。喜弈棋。乐山水，遇有兴，虽数千里辄尽室往。遂浮湘、沅，观浙江，升罗浮，入九疑，买石载鹤以归。杜门著书，未就，卒。”

妻蒲氏名芝，贤而有文，为之诔曰：

高视往古，哲士实殷，施及秦、汉，余烈氛氲。挺生英杰，卓尔逸群，孰谓今世，亦有其人。其人伊何？白云隐君。尝曰丈夫，趋世不偶，仕非其志，禄不可苟，营营末途，非吾所守。吾生有涯，少实多艰，穷亦自固，困亦不颠。不贵人爵，知命乐天，脱簪散发，眠云听泉。有峰千仞，有溪数曲，广成遗址，吴兴高躅。疏石通迳，依林架屋，麋鹿同群，昼游夜息。岭月破云，秋霖洒竹，清意何穷，真心自得，放言遗虑，何荣何辱？孟春感疾，闭户不出，岂期遂往，英标永隔。抒词哽噎，挥涕丸澜，人谁无死，惜乎材贤。已矣吾人，呜呼哀哉！

关于苏洵和张俞的事迹，苏轼在《张白云诗跋》中也有记载：“张俞，字少愚，西蜀隐君子也。与予先君游居岷山下……”张俞的事迹在王称的《东都事略》中有传：“张俞，字少愚，少嗜书，好为诗……俞为人不妄忧喜，性淳情澹，有超然远俗之志。…… 卒不起，遂隐居青城山之白云溪。”

除了和张俞交游，苏洵后来又陪同儿子两次进京，一次经水路，一次经陆路，遍游了沿途的名胜古迹。穷其一生，苏洵游过的道释名胜古迹大致有青城山和峨眉山、成都的玉局观、庐山的东林寺和西林寺、虔州的天竺寺、丰都的仙都观等。

在庐山，苏洵游历了东林寺和西林寺，并同这里的两位高僧讷禅师和景福顺长老交游月余。

《忆山送人》诗中详细记载了这次游历的情形："次入二林寺，遂获高僧言。问以绝胜境，导我同跻攀。逾月不厌倦，岩谷行欲殚。"

苏洵在庐山同二僧共游居一个多月。关于"获高僧言"这件事，苏轼、苏辙都有记载。苏辙云："辙幼侍先君，闻尝游庐山过圆通，见讷禅师，流连久之……景福顺公不远百里惠然来访。自言昔从讷于圆通，逮与先君游。岁月迁谢，今三十六年矣。二公皆吾里人，讷之化去已十一年。"

从庐山下来之后，苏洵又南游虔州（今江西赣州），在虔州，苏洵结识了当地隐士钟荣兄弟，住在他们家里，在他们的陪同下游览了马祖岩和天竺寺。那段日子，钟家热情相待，与钟家相邻的客家人相继提着水酒，或托一盘花生、炸米，或提几盘小炒菜肴之类的小吃，纷纷前来献礼，这让当时尚未出名的苏洵，深深感受到一种从未享受过的浓浓情谊。

苏洵与赣州结下了情谊，后来他的儿子苏轼也与赣州有缘。1094 年 9 月，苏轼应原赣州地方官孔宗翰之请，题《虔州八咏》，十八年后，苏轼被谪岭南惠州，第一次路过赣州。赣州的绵绵青山，让他诗意大发；潺潺碧水，令他柔情万种。虽是初次相聚，却有着老友重逢的欣喜："八境见图面，郁孤如旧游。山为翠浪涌，水作玉虹流。"在感叹"前诗未道尽万一"后，他匆匆踏上了南谪之路。

若干年后的1101年正月，遇赦北归的苏轼在南安（大余）梅岭会过梅岭老人，走访过南安府军学，吟唱过“庾岭南来第一洲”，品尝过浮石蕉岭茶，之后，一路北漂，再次来到赣州。这回，他也在赣州钟家居住了一个多月。

苏洵工于书法，气韵有余，只可惜其墨宝存世者仅有两帖，其中之一便是《陈元实夜来帖》：

陈元实夜来至白面渡相晃。亦烦渠诊视，辱问及之。承美替不远，洵亦在十月末。此行甚以为挠，回程须在月末。气且仅属，而触热如此远行，恐亦运数使然耳。外事姑置勿问，胸次自安。饶城风波更多，未尝过而问也，坐此久而自息。食芹之美，不敢不献耳。洵再拜。

此札无上款，陈元实何人亦不可考。但以帖中“触热如此远行”，“饶城风波更多”云云，以及笔迹来看，必与《致提举监丞帖》为一时之书。

据载，苏洵江南一游，交往者三四人而已，一为庐山圆通寺僧讷老。二是虔州人钟荣。《苏诗总案》云：“至虔，遇隐君子钟荣，同游马祖崖、天竺寺，观白居易墨迹。宫师素不饮，裴设醴焉。”当时苏洵因为无名，旅途中常有人与之争座位、床位。而钟荣却甚为敬重老泉，故苏东坡自海南归时，还专程在虔州拜望过钟荣的后人，以怀念父亲当年的际遇。除了上述二人之外，和苏洵交往的便只有史经臣、史沆兄弟了。以此三者来看，给后者回信的可能性更大一些。

如果史经臣到了临江，遇上了兄弟赴狱的麻烦，又知道苏洵在虔州一带，是很可能委托如“陈元实”等带信给苏洵的。

所以苏洵在此帖中安慰之，云：“外事姑置勿问，胸次自安。”并向之述道：“饶城风波更多，未尝过而问也，坐此久而自息。”

当然，苏洵收到此信的时候，史沆恐怕还未入狱，只是史经臣的担心而已。同时，苏洵也尚未知道父亲的死讯，因之云“亦在十月末”，大约指同路回川之意。“回程须在月末”，大约指从虔州返回临江，或饶州（鄱阳）一带。

《苏诗总案》记载：“五月十一日宫傅卒于家，年七十五。”“八月闻讣遂还。”讣讯在途中经历了三月，得此札时，应在八月以前，帖中云“触热如此远行，恐亦运数使然耳”，必在盛暑之中，而不是入秋之后的八月。

嘉祐四年（公元1059年），苏洵带领全家乘船沿岷江而下，东出三峡，走水路进京，在丰都参观了仙都观，传说这是阴长生升仙的地方，在这里，苏洵写有《题仙都观》诗，以凭吊这个仙人。

飘萧古仙子，寂寞苍山上。观世眇无言，无人独惆怅。深岩耸乔木，古观霭遗像。超超不可挹，真意谁复亮？

蜿蜒乘长龙，倏忽变万状。朝食白云英，暮饮石髓卷。心肝化琼玉，千岁已无恙。世人安能知，服药本虚妄。嗟哉世无人，江水空荡漾。

苏洵的抒情散文不多，但其中也不乏优秀的篇章。例如《送石昌言使北引》：

昌言举进士时，吾始数岁，未学也。忆与群儿戏先府君侧，昌言从旁取枣栗啖我。家居相近，又以亲戚故，甚狎。昌言举进士，日有名。吾后渐长，亦稍知读书，学句读、属对、声律，未成而废。昌言闻吾废学，虽不言，察其意甚恨。后十余年，昌言及第第四人，守官四方，不相闻。吾日以壮大，乃能感悔，摧折复学。又数年，游京师，见昌言长安，相与劳苦，如平生欢。出文十数首，昌言甚喜称善。吾晚学无师，虽日当文，中甚自惭；及闻昌言说，乃颇自喜。今十余年，又来京师，而昌言官两制，乃为天子出使万里外强悍不屈之虏庭，建大旆，从骑数百，送车千乘，出都门，意气慨然。自思为儿时，见昌言先府君旁，安知其至此？富贵不足怪，吾于昌言独有感也！大丈夫生不为将，得为使，折冲口舌之间足矣。

往年彭任从富公使还，为我言："既出境，宿驿亭。闻介马数万骑驰过，剑槊相摩，终夜有声，从者怛然失色。及明，视道上马迹，尚心掉不自禁。"凡虏所以夸耀中国者，多此类。中国之人不测也，故或至于震惧而失辞，以为夷狄笑。呜呼！何其不思之甚也！昔者奉春君使冒顿，壮士健马皆匿不见，是以有平城之役。今之匈奴，吾知其无能为也。孟子曰：“说大人，则藐之。”况与夷狄！请以为赠。

该文作于嘉祐元年（公元 1056 年）九月，是一篇赠序。宋仁宗嘉祐元年（公元 1056 年）八月，刑部员外郎、知制诰石扬休（字昌言）出使北国前往契丹，庆贺契丹国母生辰。苏洵给他这篇赠序，就是让他借鉴历史经验，不怕强敌威胁，发扬民族正气，夺取外交的胜利。

文章首段回忆他们之间的亲密交往，感佩石扬休奉使强虏实现平生抱负，寄予莫大信任，充满劝勉之情；第二段回顾历史情况，剖析强虏本质，指出藐视强虏是唯一正确的态度。文章用语简练，仅在这数百言间，就已经发挥得淋漓尽致，不得不令人敬仰这位大家。

在《张益州画像记》中，苏洵也记叙了张方平治理益州的事迹，塑造了一个宽政爱民的封建官吏形象：

至和元年秋，蜀人传言有寇至，边军夜呼，野无居人，谣言流闻，京师震惊。方命择帅，天子曰：“毋养乱，毋助变。众言朋兴，朕志自定。外乱不作，变且中起，不可以文令，又不可以武竞，惟朕一二大吏。孰为能处兹文武之间，其命往抚朕师？”乃推曰：张公方平其人。天子曰：“然。”公以亲辞，不可，遂行。

冬十一月至蜀，至之日，归屯军，撤守备，使谓郡县：“寇来在吾，无尔劳苦。”明年正月朔旦，蜀人相庆如他日，遂以无事。又明年正月，相告留公像于净众寺，公不能禁。

眉阳苏洵言于众曰："未乱，易治也；既乱，易治也；有乱之萌，无乱之形，是谓将乱，将乱难治，不可以有乱急，亦不可以无乱弛。惟是元年之秋，如器之欹，未坠于地。惟尔张公，安坐于其旁，颜色不变，徐起而正之。既正，油然而退，无矜容。为天子牧小民不倦，惟尔张公。尔繄以生，惟尔父母。且公尝为我言'民无常性，惟上所待。人皆曰蜀人多变，于是待之以待盗贼之意，而绳之以绳盗贼之法。重足屏息之民，而以斧令。于是民始忍以其父母妻子之所仰赖之身，而弃之于盗贼，故每每大乱。夫约之以礼，驱之以法，惟蜀人为易。至于急之而生变，虽齐、鲁亦然。吾以齐、鲁待蜀人，而蜀人亦自以齐、鲁之人待其身。若夫肆意于法律之外，以威劫齐民，吾不忍为也'。呜呼！爱蜀人之深，待蜀人之厚，自公而前，吾未始见也。"皆再拜稽首曰："然。"

苏洵又曰："公之恩在尔心，尔死在尔子孙，其功业在史官，无以像为也。且公意不欲，如何？"皆曰："公则何事于斯？虽然，于我心有不释焉。今夫平居闻一善，必问其人之姓名与其乡里之所在，以至于其长短大小美恶之状，甚者或诘其平生所嗜好，以想见其为人。而史官亦书之于其传，意使天下之人，思之于心，则存之于目；存之于目，故其思之于心也固。由此观之，像亦不为无助。"苏洵无以诘，遂为之记。

公，南京人，为人慷慨有大节，以度量雄天下。天下有大事，公可属。系之以诗曰：天子在祚，岁在甲午。西人传言，有寇在垣。庭有武臣，谋夫如云。天子曰嘻，命我张公。公来自东，旗纛舒舒。西人聚观，于巷于涂。谓公暨暨，公来于于。公谓西人"安尔室家，无敢或讹。讹言不祥，往即尔常。春而条桑，秋尔涤场"。西人稽首，公我父兄。公在西囿，草木骈骈。公宴其僚，伐鼓渊渊。西人来观，祝公万年。有女娟娟，闺闼闲闲。有童哇哇，亦既能言。昔公未来，期汝弃捐。禾麻芃芃，仓庾崇崇。嗟我妇子，乐此岁丰。公在朝廷，天子股肱。天子曰归，公敢不承？作堂严严，有庑有庭。公像在中，朝服冠缨。西人相告，无敢逸荒。公归京师，公像在堂。

在《木假山记》中，他借物抒怀，赞美了一种巍然自立、刚直不阿的精神：

木之生，或蘖而殇，或拱而夭。幸而至于任为栋梁，则伐；不幸而为风之所拔，水之所漂，或破折或腐，幸而得不破折不腐，则为人之所材，而有斧斤之患。其最幸者，漂沉汩没于湍沙之间，不知其几百年，而其激射啮食之余，或仿佛于山者，则为好事者取去，强之以为山，然后可以脱泥沙而远斧斤。

而荒江之濆，如此者几何，不为好事者所见，而为樵夫野人所薪者，何可胜数？则其最幸者之中，又有不幸者焉。

予家有三峰，予每思之，则疑其有数存乎其间，且其孽而不殇，拱而夭，任为栋梁而不伐，风拔水漂而不破折不腐，不破折不腐而不为人之所材，以及于斧斤之，出于湍沙之间，而不为樵夫野人之所薪，而后得至乎此，则其理似不偶然也。

然予之爱之，则非徒爱其似山，而又有所感焉；非徒爱之而又有所敬焉。予见中峰，魁岸踞肆，意气端重，若有以服其旁之二峰。二峰者，庄栗刻削，凛乎不可犯，虽其势服于中峰，而岌然决无阿附意。吁！其可敬也夫！其可以有所感也夫！

第十九章　开枝散叶

时光流逝，白驹过隙，一转眼，苏洵的两个儿子也到了应该成家的年龄。

在四川的岷江之滨，有一个县叫青神县。据《蜀中名胜记》载："县之名胜在乎三岩。三岩者，上岩、中岩、下岩也。今惟称中岩焉。"

过了岷江，进了中岩山门，只见山岩里、涧水边、小路旁，细草微风，涧水潺潺，再往前走不远，就能看见山青如黛，群花杂树，在此之间，一丛丛飞来凤扬着阔长的绿叶，吐露娇柔的花蕊，散发着幽幽清香。仔细观察，只见两瓣平举如翼，一瓣悬月如尾，一瓣如玉颈奋前。

宋朝的时候，这里有座书院，书院里有位先生，叫王方，是青神县进士，也是苏洵的好朋友、苏轼的老师。因为苏轼从小就聪明好学，王方一直对苏轼十分喜爱。

王方有个女儿叫王弗（1039—1065 年），幼承庭训，颇通诗书，聪明沉静，知书达理。她很喜欢中岩的飞来凤，经常带着丫鬟来这里采花，以便装点闺房。碰巧苏轼也经常喜欢来这里静思、读书。于是，有一天，两个人就在这里不期而遇了。

王弗早就听父亲说过，眉州少年苏轼如何聪明机智，心中颇有好感，只是碍于男女有别，不便明显流露，所以，尽管远远地望见苏轼前来，还是悄悄藏到了一旁的树丛中，静静观看。这边小姐芳心暗动，那边苏轼却浑然不觉，只是飘然前来，英气勃勃，抚掌唤鱼。

这次相遇之后，没过几天，就是王方的生日了。苏轼与同窗去给老师祝寿，怎奈苏轼生性豪放，席间豪饮，最后竟醉倒在老师家中，一觉睡到半夜。

起来之后，一看同窗们都已经回到书院，便独自踱到翠竹掩映的后院，想散散酒气。碰巧这时，师妹王弗正临窗梳头。苏轼少年心性，一时性起，便从怀里摸出从山上带来的一簇飞来凤，轻轻地投进窗去。王弗一惊，继而心跳不已，把那簇浓香阵阵的花苞贴在胸前……

中岩那里，除了有飞来凤花，还有绿水一泓，平静如半轮明月。苏轼在书院读书之余，常临流观景，想入非非，不禁大叫："好水岂能无鱼？"于是抚掌三声，马上，岩穴中群鱼翩翩游跃，皆若凌空浮翔。苏轼非常高兴，便对老师王方建议："美景当有美名。"

于是，王方遍邀文人学士，在绿潭前投笔竞题，可惜诸多秀才苦思冥想出的题名不是过雅，就是落俗，直到最后，苏轼才缓缓展出他的题名："唤鱼池"。王方和众人一看，齐声称赞，连连叫绝。但是，就在苏轼正得意之时，王弗也使丫鬟从家中送了题名来，红纸书上跃然而出三字："唤鱼池"，此举更令众人惊叹："不谋而合，韵成双璧。"

诸多巧合，终成佳话。苏轼手书的"唤鱼池"三字被刻在了石壁上，长达三丈，秀美俊拔。王方也请人做媒，将王弗许配给了苏轼，那年，苏轼十九岁，王弗十六岁。

成婚后，王弗对苏轼关怀备至，二人情深意笃，恩爱有加。

作为进士之女的王弗“敏而静”，刚嫁给苏轼时，未曾向苏轼夸耀自己通晓诗书。每当苏轼读书时，她便陪伴在侧，终日不去；苏轼偶有遗忘，她便从旁提醒。

好奇的苏轼问她别的书里的问题，她总能答上来，见妻子如此贤惠温柔，苏轼不禁又惊又喜，刮目相看。

王弗贤淑，平实，精明，一直关爱着自己的丈夫。苏轼坦荡豪放，广交朋友，是真正为朋友而活的人。他往往把与之交往的每个人都当成好人，自称：“眼前见天下无一个不好人”，又言“余性不慎言语，与人无亲疏，辄输写肺腑。有所不尽，如茹物不下，必吐之乃已，而人或记疏以为怨咎……”王弗却谨慎平和，时常提醒着丈夫，一个温婉细腻、一个豪爽放达，夫妻二人的性格恰好互补。

苏轼取得功名后，很快担任凤翔府签判，王弗跟随丈夫赴任。这时他们已经有了孩子，就是后来陪苏轼游石钟山的苏迈。在凤翔府生活的时候，苏轼经常呼朋唤友，热情款待。大家天南海北，尽情发挥，经常侃得唾沫横飞。

苏轼这边玩得开心，王弗那边却很担心。她太了解自己的丈夫了，知道苏轼这样下去，早晚会出事，所以，在苏轼与访客交往的时候，王弗经常站在屏风后面，倾听他们的谈话，等访客走后，她就走出来，告诉苏轼她对某人性情为人的总结和看法，结果无不言中，可谓苏轼绝佳的贤内助。

有一天，章敦来了，和苏轼聊得十分投机。不过，章敦一走，王弗就从帘子后面走出来，对苏轼说，今天这个人热情过了头，你以后可要对此人多加小心。后来，果然被王氏说中了，在迫害苏轼的时候，章敦是最起劲儿的一个。苏轼虽然心胸开阔，却也对章敦恨得要死，甚至连做鬼也不愿意跟他碰面。

王弗实在是一个非常聪明的女人，她具有女人那种凭直觉判别好坏的非凡本领，她的帘后偷听也确实帮助过丈夫不少忙。有一天，一位客人走后，她问丈夫："某人也，言辄持两端，惟子意之所向，子何用与是人言？"王氏的意思是说，你费那么多工夫跟他说话干什么？他只是留心听你要说什么，好说话迎合你的意思。

又有一次，"有来求与轼亲厚甚者"，等客人走后，王弗立即对丈夫劝诫说："恐不能久，其与人锐，其去人必速！"有王弗在身边，可以说是苏轼的大幸。

但好人往往不长命，在共同生活了十一年后，宋英宗治平二年（公元1065年）五月，在京师开封，王弗留下六岁的儿子苏迈，与世长辞。

王弗死后葬于眉州东北彭山县安镇乡可龙里，距苏洵夫妇墓西北八步。苏轼兄弟曾在父母墓旁遍植松树，"老翁山下玉渊回，手植青松三万栽"。突然残破的家庭让苏轼很伤心，葬后，苏轼为王弗曾写《亡妻王氏墓志铭》：

君讳弗，眉之青神人，乡贡进士方之女。生十有六年而归于轼，有子迈。君之未嫁，事父母；既嫁，事吾先君、先夫人，皆以谨肃闻。其始，未尝自言其知书也。见轼读书，则终日不去，亦不知其能通也。其后，轼有所忘，君辄能记之。问其他书，则皆略知之，由是始知其敏而静也。

从轼官于凤翔。轼有所为于外，君未尝不问知其详。曰："子去亲远，不可以不慎。"日以先君之所以戒轼者相语也。轼与客言于外，君立屏间听之，退必反复其言，曰："某人也，言辄持两端，惟子意之所向，子何用与是人言。"有来求与轼亲厚甚者，君曰："恐不能久，其与人锐，其去人必速。"已而果然。将死之岁，其言多可听，类有识者。其死也，盖年二十有七而已。始死，先君命轼曰："妇从汝于艰难，不可忘也。他日，汝必葬诸其姑之侧。"未期年而先君没，轼谨以遗令葬之，铭曰：君得从先夫人于九泉，余不能。呜呼哀哉！余永无所依怙。君虽没，其有与为妇何伤乎。呜呼哀哉！

虽然已经过去了十年，苏轼对王弗依旧一往情深，哀思深挚。熙宁八年（公元1075年），东坡来到密州，这一年正月二十日，他梦见爱妻王氏，便写下了那首传诵千古的悼亡词《江城子·乙卯正月二十日夜记梦》：

十年生死两茫茫。不思量，自难忘。
千里孤坟，无处话凄凉。
纵使相逢应不识，尘满面，鬓如霜。
夜来幽梦忽还乡。小轩窗，正梳妆。
相顾无言，惟有泪千行。
料得年年肠断处，明月夜，短松冈。

除此之外，苏轼怀念王弗的词还有一首，那就是《南歌子·感旧》：

寸恨谁云短，
绵绵岂易裁？
半年眉绿未曾开，
明月好风闲处，是人猜。
春雨消残冻，
温风到冷灰。
樽前一曲为谁哉？
留取曲终一拍，待君来。

在这首词中，“半年眉绿未曾开”是至关重要的句子。若将“眉绿”二字简单地用“卓文君姣好，眉色如望远山”（《西京杂记》）来解释，未免太流于表面。

庾信《春赋》有“眉将柳而争绿，面共桃而竞红”之句，写的是春日少女游春，眉胜柳叶，面如桃花；五代和凝《天仙子》词中的“仙子含愁眉黛绿”，用绿眉表示女子的愁眉。苏轼在这里除了写愁眉不展的少女外，还用“绿眉”这个意象指出了少女的年龄。

这种情形，只能用来解释苏轼与王弗相爱后，半年时间才过了父母这一关。众所周知，在此之前，苏轼的姐姐八娘禀承父母之命，嫁给了她并不爱的表哥程之才，结果备受公婆和丈夫的虐待，最后惨死在月子当中。

回过头来，我们再看《感旧》词中的“明月好风闲处，

是人猜”一句，向来给这首词作注的人都避而不谈，说到这儿，它的意思便不言而喻：时常在“明月夜”、“清风”里结伴成行的青年男女，眼下仍要引起人们“闲”话和“猜”测，何况苏轼与王弗生活在九百多年前呢？

但是，幸好苏轼有八娘这个好姐姐，她用生命的代价给弟弟的自主婚姻开了路，在痛失爱女之后，苏洵就算再顾及传统礼教，也决不忍心再去逼迫爱子与他所不爱的人成婚了。正因此，也才有王弗十六岁那年嫁到苏家的事实。

我们说正月二十日是苏轼与王弗的定情之日，那么半年之后他们欢天喜地地准备办婚事，从此苏轼再也不思念逃遁山林了，他要守着心爱的人，开始读书，开始为自己也为心爱的人谋出路（安心科举）、拜门子（随父访问张方平）、奔前程

（进京赶考），这正是苏轼婚后的足迹。

这就是苏洵长子——苏轼的婚姻之路。后来，在经过了近二十年的研读后，苏洵在学术上已有所成，于是，他前往雅州，拜访故友雷简夫，之后又返回成都，携苏轼、苏辙兄弟游历成都大胜慈寺、中和胜相院。就在那年，苏洵还为幼子苏辙娶了妻。

苏辙的妻子是史氏，出自眉州名门，虽不像王弗那么有名，但也与苏辙白头偕老，比苏辙还晚死五年。

第二十章　一举成名

宋仁宗嘉祐年间，苏洵的大儿子苏轼、二儿子苏辙长大成人，一表人才。

为了儿子能有一个好前程，苏洵思前想后，终于决定带着自己这些年来写的论文和两个儿子到京城游学，顺便参加礼部举行的秋试。

父子三人先从陆路行走，三月份的时候，到了成都，在那里，他们拜见了故友张方平。

张方平（公元1007年—公元1091年），字安道，号“乐全居士”，谥“文定”，应天府南京（今河南商丘）人。景祐元年（公元1034年），中茂才异等科，任昆山县（今属江苏）知县。又迁睦州（今浙江建德东）通判。历任知谏院、知制诰、翰林学士、御史中丞，之后又任滁州（今属安徽）、江宁府（今江苏南京）、杭州（今属浙江）、益州（今四川成都）等地长官。神宗当政的时候，官拜参知政事（宰相），他反对任用王安石，反对王安石新法。著有《乐全集》四十卷。

张方平小时候虽然聪明绝顶，却因为家里很穷，买不起书看。于是，他就向别人借书读。他读书只看一遍，不读第二遍。

后来，西夏李元昊准备叛乱，给宋朝写来了一封傲慢的信，想促使宋朝与他绝交，以便激怒西夏人，让更多的西夏人拥戴他。

张方平给皇帝提出了这样的建议："暂时忍让，使李元昊没有理由公开叛乱。然后用一年多时间，抓紧精选将士，厉兵秣马，修筑城池，形成不可战胜之势。这样，即使李元昊最终反叛，也师出无名，官吏将士没有同仇敌忾之心，就难以同我们决战。"

因为当时朝廷处于全盛之时，所以大家都认为张方平的建议太软弱，是姑息养奸，于是朝廷决定出兵讨伐。张方平又献上《平戎十策》，认为："西夏想来侵犯，必然从延、渭来，巢穴一定空虚。我方应该屯兵河东，轻装直进，这就是攻其所必救，使敌处于被动的打法。"除此之外，他还请求将枢密院的事务合并到中书省，反对当时征调各地弓箭手组成宣毅、保捷两军。

那时，统率陕西并监领各路将领的人叫夏竦。但夏竦尽管身为统帅，却玩忽职守，拖拖拉拉，最终导致丰州失陷，宋朝兵败。此事一出，各路主帅都难逃罪责，唯独夏竦像没事人一般，四处推卸责任。张方平看不过去了，立即向皇上弹劾他，免了他的职。

由于长期战乱，西北诸军长久得不到休整，西夏军也疲惫不堪，张方平献计说："皇上是天下人的父母，岂能同禽兽计较得失？希望皇上能趁着举行郊祀之机，大赦天下罪人，自我检讨过失，取信于民，也给西夏人一条悔过自新之路。"

皇上听了之后，非常高兴地说："这正是我希望的。"所以就在这一年，皇上修改了庆历年间赦免边寇的条件，让边境将士将皇上的好意转告对方，就这样，感于皇上之诚，西夏王李元昊终于降服。

李元昊降服后，因为曾同契丹不和，他请求宋朝同契丹断交。张方平说：“为了刚降服的小小羌人，丢了和平相处已久的强敌，划不来。应该告诉李元昊，让他慎重从事，假若清晨同契丹消除对立，我国的册封书晚上就到。这样，西部、北部两方面都有利。”因为这个真知灼见，张方平又升为御史中丞，改任三司使。

张方平出使契丹的时候，契丹王十分赞赏他，曾经当着左右官员的面，夸奖张方平说：“有这么好的大臣，多好！”因此，契丹王不仅陪他骑马打猎喝酒，还将坐骑送给了张方平。

回到宋朝后，张方平又做了知制诰，代理开封知府。府中琐事繁杂，前任一律用书板记录，张方平却靠默记，没有一点差错。

当初，王拱辰曾经提议河北的盐业由政府专营，皇上拟同意，张方平知道后就说：“河北的盐业为什么要统一管理呢？”

皇上说：“刚刚立法决定的。”

张方平说：“过去北周世宗将盐税均入其他税收之中，现在的两税法中盐钱项就是，这岂不是重复征税吗？”

皇帝听此一言，惊醒过来，张方平马上请皇帝亲笔发文，停收此税。因为此事，父老乡亲们专门在澶州拜迎他，并举行了七天佛老会，以报谢朝廷和张方平的大恩大德。

有一天晚上，皇宫中的卫士合谋兵变，张贵妃竭力保护皇上。结果第二天，兵变被镇压后，皇上就想赏赐张贵妃，夏竦也建议：“应该研究怎样进行特别奖赏。”但张方平听说此事后，却对皇上说："汉代曾经有个妃子，叫冯婕好。她曾经亲身抵挡猛兽，都没听说有什么特殊奖励。而且现在皇后在位，专崇贵妃，从来都没有这个道理。真要对贵妃实行了特殊的奖励，恐怕就会被天下人耻笑。"皇上听后，想想也就算了。

有一次，皇帝向大臣们征求增收节支方案，张方平同大伙一起提了意见之后，又单独写了几千字呈给皇上，大意是说："祥符年以来，法制松弛，渐渐背离了祖先的传统。科举、任子、考核转正、升迁补叙等法则都被破坏了，任命将领、操练战士，都不是原先的规则。中央财政开支处境窘迫，必定导致政出多门。大商人、大贵族钻空子获取暴利，专营茶盐，法律也被破坏，这是治乱兴亡的关键所在，不可不认真对待。"皇上看了他的意见书之后，非常高兴，正要重用他，可碰巧张方平的好朋友、判官杨仪犯了罪，张方平也就受到了牵连，非但没有升官，反而被贬到滁州做知州。

后来，张方平又以侍讲学士身份赴滑州，徙任益州，但是还未赴任，就有人造谣说，侬智高在南诏，将侵犯益州。益州代理知州急忙调兵筑城，日夜不停，民间大受惊扰。朝廷听说这一传闻，也从陕西调集各种部队，络绎不绝地开往蜀地，并命令张方平尽快赴任，允许他见机行事。聪明的张方平不假思索就识破了这个谣言，他遣返了路上遇到的前往益州的兵士，停止了正在进行的其他劳役。那时正是上元节灯会，城门三晚上不关，终于抓获了造谣的人，斩首于边境，余党遭到放逐，蜀民才安定下来。

因为立了功，张方平又被召回朝廷，任三司使。西部边境打仗，两蜀是大后方。张方平上奏请免两蜀税赋四十万，减铸铁钱十余万缗，又建议："国家以陈留一带为中心，处于四通八达的枢纽地位，不像雍、洛等地有山川险要地形可以依靠，而仅能依靠强大的武力。士兵要吃饭，粮食依赖漕运，漕运以汴河为主，汴河连接淮河、长江，直达南海。天圣年以前，每年调集百姓疏浚，因而水流通畅。其后，浅薄者争着请求裁减役费以哗众取宠，汴河日益堵塞。现在河在天上，必须仰望，这是得到了尺寸之利而丧失了山丘之利。"名臣富弼在读他的奏章时，计时的更漏都过了十刻，也不知疲倦，皇帝也对他的高见连连称赞。

后来，张方平升任尚书左丞。不久，以工部尚书身份统率秦州。那时，有人向他报告西夏将来侵扰，张方平精选兵马，声称要出关讨西夏。最后夏人没有来侵犯，有人认为他轻举妄动，曾公亮站出来替他说话："我方的军队又没有越过边界，怎能说轻举妄动？强寇不来，是因为知我方已有提防。倘若处罚张方平，以后守边大臣都不敢在敌人入侵之前早作准备了。"但是，经历此事后，张方平自己觉得处境不好，请求调任为南京知府。

宋英宗即位后，张方平升任礼部尚书，没过多久，又改任郓州知州。回京后，任翰林学士承旨。英宗病重时，在福宁殿召见他。伏在桌上谈话，声音模糊不清。张方平很善解人意地把笔递给皇帝，皇帝写道："明天正式下令册封太子。"

张方平见状，大声疾呼："必须立颍王为太子。他既是嫡长子，又贤明，请您写下他的名字。"英宗费力地写下了颍王的名字。

因此，宋神宗即位后，第一件事就是召见张方平，请他估算宋英宗的安葬费用。宋神宗问："孝敬父母可以节约吗？"

张方平回答说："英宗既然有安排，满足他务行节俭的最后愿望，也是孝顺。”

因为张方平的功绩，宋神宗曾经亲自夸奖他：“你文章典雅，有三代圣贤的风范，又善于综合概括，言简意赅，即使是《尚书》中的《训》、《诰》，也不过如此了。”

因为皇帝对他的赏识，他很快升任为参知政事。尽管御史中丞司马光认为以他的才能，不该受如此重用，极力反对，但是皇上坚持原来的决定，没有听从司马光的建议。

除了司马光，张方平和王安石的关系也不太好。王安石推行新法，张方平朝见皇上，极力证明新法的害处，他说：“老百姓好比水，可以使船浮起，也可以把船淹没。战争好比火，不停战必然自焚。假若推行新法，必然会导致沉船、自焚。”皇帝听了他的话，很不高兴。

那段时间，王安石放松了对铜的专营管理，奸商就趁机销毁铜钱做器具卖，各关所征收不到钱，钱渐渐毁损。张方平极力论证这一现象的危害性，并请皇帝质问王安石：“将历代的典章制度，一天之内全部废除，居心何在？”神宗皇帝采纳了他的一些建议。

后来，王安石变渡口码头为市场，土地庙及其他宗庙，甚至宋地先贤阏伯、微子庙都成了商贾活动之地。

张方平说：“宋地是宋朝王业的发祥地，商朝时阏伯受封于商丘，主持祭祀大典；微子是宋地的第一个国君。这两座庙，难道也不能幸免吗？”皇帝知道了这个情况后大怒，在奏章后面批示说：“侮慢神明，污辱国家，没有比这更严重的了。”于是祠庙都得以保存。

虽然在变法方面，张方平和皇帝的观点有一些出入，但在军事方面，皇帝还是很看重他的建议的。宋神宗曾经向他请教

祖宗对付外寇的办法，张方平回答说："太祖不贪图远征，比如灵夏、河西一带，都任命当地的首领统治，允许世袭。环州董遵海、西山郭进、关南李汉超，都享受高俸和赏赐，给予其宽松的环境。诸将军需充足，威望就高，间谍精明强干，官吏士兵服从号令，所以十五万人能当一百万人用。后来太宗策划攻燕蓟，内迁李彝兴、冯晖，于是朝廷开始穷于应付边境冲突了。真宗澶渊之战胜利后，与契丹人讲和，至今边境太平。三代的情形就是这样。近年来守边将士，想将天下的命运拿来孤注一掷，成功了则他们获利，失败了则给别人留下祸患，不能听他们的话呀！"

除了军事上，在外交方面，张方平也很有一套。契丹派使者萧禧来讨论边界问题，应该告辞回国了，却睡在馆驿中不走。张方平对枢密使吴充说："只给主管官员送食物，不问其他的，再让边境地方官通知他本国。"果然，没过几天，萧禧立即回去了。

高丽使者路过应天府，地方官本应迎来送往，但张方平对皇上说："我的级别相当于宰相，不能比属国的使者还低。"于是，皇帝允许只派少尹接待使者。

后来，张方平几次请求退休，终以太子少师的身份退职。

就是这个张方平，在见到苏轼、苏辙兄弟后，亲自出了六个题目，让苏轼兄弟当场写文章。苏轼拿到考题之后，立刻开始下笔，可苏辙却看着考题犹豫不决。苏辙拉拉苏轼的袖子，问第五个题目出自哪里，苏轼没说话，只是用毛笔敲了敲桌子。

苏辙立刻明白了，考题出自《管子注》。没过一会儿，苏辙又用眼光询问苏轼第六题的出处，苏轼当机立断，站起身，走到苏辙桌前，径直将这道题目划去。很快，苏轼把写好的五篇文章上交，过了好一会儿，苏辙也交上了自己写的五篇文章。

张方平看后，非常高兴。因为他出的六个题目都很偏，不是博学之人，根本不可能知道出自哪里，而第六题则是他个人杜撰，并无出处。

考验完毕，苏洵就想请张方平评价一下这两个孩子。张方平说："皆天才，长者明敏尤可爱，然少者谨重，成就或过之。"也就是说，两个孩子都是天才，长子聪敏过人，让人赞叹，次子谨慎厚重，他日的功业或许超过哥哥呢。

拜别张方平后，苏洵父子携张方平致欧阳修的推荐信，离开了成都，经阆中，出褒斜谷，过横渠镇，同游崇寿院，入凤翔驿。

本想到了驿站后，终于可以喘口气儿，但没想到天意弄人，驿站当时正好坏了，住不了人。于是父子三人又沿途前进，到河南的时候，因为所骑的马死了，只好骑驴至渑池。直到仁宗嘉祐元年（公元 1056 年）五月，才终于抵达京师，暂时栖身于开封兴国寺。

刚到京师没多长时间，苏洵就马上给欧阳修、韩琦、富弼等人写信。当时，欧阳修是翰林学士，文坛领袖，他看了苏洵的文章之后，很是赞赏，尤其喜欢他的《权书》、《衡论》、《几策》等文章，“目为孙卿子（荀子）”，认为他可以与贾谊、刘向等人相媲美，拥有当今世上最好的文笔。于是，他就将苏洵的二十二篇文章推荐给朝廷，从此，苏洵既受到了朝廷的重视，也成为欧阳修、韩琦等大官的座上客。

既然连欧阳修都买苏洵的账，别人自就更不用说，一时间，京城内外的学者不仅争相传阅苏洵的文章，赞不绝口，还争相效仿苏洵的文章写作方法。至此，苏洵这位晚学成才的散文家，也终于闻名于世。

直到很久以后，京师还广泛流传着赞誉苏洵文章的民谣：“苏文熟，吃羊肉；苏文生，吃菜羹。”

当时，欧阳修的门人王安石也在京师担任群牧判官，但因见解分歧，苏洵拒绝同王安石交好，王安石也看苏洵不顺眼，屡次在众人面前诋毁苏洵。

苏洵曾作《上张侍郎第二书》：

省主侍郎执事：洵始至京师时，平生亲旧，往往在此，不见者盖十年矣，惜其老而无成。问所以来者，既而皆曰：“子欲有求，无事他人，须张益州来乃济。”且云：“公不惜数千里走表为子求官，苟归，立便殿上，与天子相唯诺，顾不肯邪?”退自思公之所与我者，盖不为浅，所不可知者，唯其力不足而势不便。不然，公与我无爱也。闻之古人:“日中必彗，操刀必割。”当此时也，天子虚席而待公，其言宜无不听用。洵也与公有如此之旧，适在京师，且未甚老，而犹足以有为也。此时而无成，亦足以见他人之无足求，而他日之无及也已。昨闻车马至此有日，西出百余里迎见。雪后苦风，晨至郑州，唇黑面烈，僮仆无人色。从逆旅主人得束薪缊火。良久，乃能以见。出郑州十里许，有导骑从东来，惊愕下马立道周，云宋端明且至，从者数百人，足声如雷，已过，乃敢上马徐去。私自伤至此，伏惟明公所谓洁廉而有文，可以比汉之司马子长者，盖穷困如此，岂不为之动心而待其多言邪!

由此可见，当时苏洵虽名动京师，但求官未遂，所以盼望张方平多加援引，其言凄切。

嘉祐二年（公元1057年）八月，也就是苏家父子到达京师的次年，欧阳修知贡举，疾时文之弊，凡怪奇艰涩之文皆黜，苏轼兄弟同科进士及第，名震京师。对于苏轼，主考官欧阳修由衷地发出苏轼才学高他一头、他日文章必将独步天下的称赞。

及第之后，按照惯例，苏轼上书答谢欧阳修、梅挚、范镇、韩绛、梅尧臣等人的知遇之恩。苏辙则上书韩琦，提出文气说，强调阅历对养气为文的作用。

不过可惜的是，也就在这一年十月，苏洵的结发之妻程氏悄然病逝于家中，她竟然在有生之年，没能亲眼看到夫君和两个爱子功成名就的盛况，实在令人唏嘘不已。

“三苏”父子闻此噩耗，匆匆返蜀，苏洵作《祭亡妻程氏文》、《老翁井铭》以表示对爱妻离世的痛切之情，以下为《老翁井铭》：

丁酉岁，余卜葬亡妻，得武阳安镇之山。山之所从来甚高大壮伟，其末分而为两股，回转环抱，有泉坌然出于两山之间，而北附右股之下，畜为大井，可以日饮百余家。卜者曰吉，是在葬书为神之居。盖水之行常与山俱，山止而泉洌，则山之精气势力自远而至者，皆畜于此而不去，是以可葬无害。他日乃问泉旁之民，皆曰是为老翁井。问其所以为名之由，曰：往岁十年，山空月明，天地开霁，则常有老人苍颜白发，偃息于泉上，就之则隐而入于泉，莫可见。盖其相传以为如此者久矣。因为作亭于其上，又石以御水潦之暴，而往往优游其间，酌泉而饮之，以庶几得见所谓老翁者，以知其信否。然余又闵其老于荒榛岩石之间，千岁而莫知也，今乃始遇我而后得传于无穷。遂为铭曰：山起东北，翼为南西。涓涓斯泉，坌溢以弥。敛以为井，可饮万夫。汲者告吾，有叟于斯。里无斯人，将此谓谁。山空寂寥，或啸而嬉。更千万年，自洁自好。谁其知之，乃讫遇我。惟我与尔，将遂不泯。无溢无竭，以永千祀。

在京期间，苏洵还认识了保聪禅师：“予在京师，彭州僧保聪来求识予甚勤，及至蜀，闻其自京师归，布衣蔬食以为其徒先，凡若干年，而所居圆觉院大治。”

苏洵的老朋友史彦辅去世后，苏洵尽职尽责，不仅替他照顾孩子，还替他操办丧事，同时写了《祭史彦辅文》和《与吴殿院书》，请求吴照邻照护他的遗孤。

苏洵一生长于散文，尤擅政论，议论明畅，笔势雄健，终其一生，流传于世的作品有《嘉祐集》。他的散文论点鲜明，论据有力，语言锋利，纵横恣肆，具有雄辩的说服力。他反对浮艳怪涩的时文，提倡学习古文；强调文章要“得乎吾心”，写“胸中之言”；主张文章应“有为而作”，“言必中当世之过”。

他说他作文的主要目的是“言当世之要”，是为了“施之于今”，所以他提出了一整套政治革新的主张。欧阳修称赞他“博辩宏伟”，“纵横上下，出入驰骤，必造于深微而后止”；曾巩也评论他的文章“指事析理，引物托喻”，“烦能不乱，肆能不流”。

《六国论》是苏洵政论文代表作品。在《六国论》里，苏洵提出并论证了六国灭亡“弊在赂秦”的精辟论点，利用“借古讽今”的手法，抨击了宋王朝对辽和西夏的屈辱政策，告诫北宋统治者要吸取六国灭亡的教训，以免重蹈覆辙。

六国破灭，非兵不利，战不善，弊在赂秦。赂秦而力亏，破灭之道也。或曰：六国互丧，率赂秦耶？曰：不赂者以赂者丧，盖失强援，不能独完。故曰：弊在赂秦也。

秦以攻取之外，小则获邑，大则得城。较秦之所得，与战胜而得者，其实百倍；诸侯之所亡，与战败而亡者，其实亦百倍。则秦之所大欲，诸侯之所大患，固不在战矣。思厥先祖父，暴霜露，斩荆棘，以有尺寸之地。子孙视之不甚惜，举以予人，如弃草芥。今日割五城，明日割十城，然后得一夕安寝。起视四境，而秦兵又至矣。然则诸侯之地有限，暴秦之欲无厌，奉之弥繁，侵之愈急，故不战而强弱胜负已判矣。至于颠覆，理固宜然。古人云："以地事秦，犹抱薪救火，薪不尽，火不灭。"此言得之。

齐人未尝赂秦，终继五国迁灭，何哉？与嬴而不助五国也。五国既丧，齐亦不免矣。燕赵之君，始有远略，能守其土，义不赂秦。是故燕虽小国而后亡，斯用兵之效也。至丹以荆卿为计，始速祸焉。赵尝五战于秦，二败而三胜。后秦击赵者再，李牧连却之。洎牧以谗诛，邯郸为郡，惜其用武而不终也。且燕赵处秦革灭殆尽之际，可谓智力孤危，战败而亡，诚不得已。向使三国各爱其地，齐人勿附于秦，刺客不行，良将犹在，则胜负之数，存亡之理，当与秦相较，或未易量。

呜呼！以赂秦之地封天下之谋臣，以事秦之心礼天下之奇才，并力西向，则吾恐秦人食之不得下咽也。悲夫！有如此之势，而为秦人积威之所劫，日削月割，以趋于亡。为国者无使为积威之所劫哉！

夫六国与秦皆诸侯，其势弱于秦，而犹有可以不赂而胜之之势。苟以天下之大，下而从六国破亡之故事，是又在六国下矣。

第二十一章　辗转官场

苏洵位列唐宋八大家之一，欧阳修将他比做荀子，张方平将他比做贾谊。他的文章向来不重雕饰，风格朴实、语言简劲、内容丰盈、议论纵横、气势磅礴，其中有些名篇，自宋朝以后，一直为历代文人学士所传诵，具有很高的文学价值。

自京师扬名之后，十一月五日，宋仁宗曾经亲自下诏，邀请苏洵前往京师，到舍人院参加考试。这本是天大的恩赐，可苏洵却上书仁宗，推托有病，没有应命。同时又给梅圣俞写信，说："惟其平生不能区区附和有司之尺度，是以至此穷困。今乃以五十衰病之身，奔走万里以就试，不亦为山林之士所轻笑哉！"（《答梅圣俞书》）

但是，就在次年的六月，朝廷再次下达诏命，催苏洵到京赴试。梅圣俞也作《题老人泉寄苏明允》诗，劝他入京。这次，苏洵写了《上欧阳内翰第四书》，表示将携二子入京：

洵启：夏热，伏惟提举内翰尊候万福。向为京兆尹，天下谓公当由此得政。其后闻有此授，或以为拂世戾俗，过在于不肯鲁莽。然此岂足为公损益哉。洵久不奉书，非敢有懈，以为用公之奏而得召，恐有私谢之嫌。今者洵既不行，而朝廷又欲必致之。恐听者不察，以为匹夫而要君命，苟以为高而求名，亦且得罪于门下，是故略陈其一二，以晓左右。闻之孟轲曰："仕不为贫，而有时乎为贫。"洵之所为欲仕者，为贫乎？实未至于饥寒而不择。以为行道乎？道固不在我，且朝廷将何以待之？今人之所谓富贵高显而近于君可以行道者，莫若两制。然犹以为不得为宰相，有所牵制于其上，而不得行其志。为宰相者，又以为时不可为，而我将有所待。若洵又可以行道责之邪？始公进其文，自丙申之秋至戊戌之冬，凡七百余日而得召。朝廷之事，其节目期限，如此之繁且久也。使洵今日治行，数月而至京师，旅食于都市以待命，而数月间得试于所谓舍人院者，然后使诸公专考其文，亦一二年。幸而以为不谬，可以及等而奏之，从中下相府，相与拟议，又须年载间，而后可以庶几有望于一官。如此，洵固以老而不能为矣。人皆曰求仕将以行道，若此者，果足以行道乎？既不足以行道，而又不至于为贫，是二者皆无名焉。是故其来迟迟，而未甚乐也。王命且再下，洵若固辞，必将以为沽名而有所希望。今岁之秋，轼、辙已服阕，亦不可不与之俱东。恐内翰怪其久而不来，是以略陈其意。拜见尚远，唯千万为国自重。

十月，苏洵带着儿子、儿媳一大家人一起奔赴京师。他们先从水路乘船前行，沿岷江、长江而下，一路游山玩水，吟诗作赋。到了嘉州，再经过宜宾、渝州，至丰都，过万州武宁县，至忠州，至夷陵县，十二月八日抵达江陵，年底在荆州度岁，途中所作诗为《南行前集》，苏轼作《南行前集叙》。

年后，正月五日那天，他们再度出发，渡水至襄阳，到唐州，经许州等地，陆行北上，正月十五到达京师。苏洵汇途中所作诗文为《南行后集》，苏辙为其作《南行后集引》。

“三苏”父子到京不久，即移居杞县。

八月七日，因为被欧阳修等人多次举荐，苏洵被任命为从八品，秘书省试校书郎。这品阶虽然不是太高，但对并非科举正道出身，又没有实际政绩的苏洵来说，已经是很不错了，所以，为了此事，苏洵写有《谢相府启》和《谢赵司谏启》，以报达知遇之恩。

虽然自从京师扬名之后，除了晚年做过短时期的小官之外，苏洵未曾深涉仕途。但苏洵一直都是一位极其关心国家命运、留意政治的人。虽然一生潦倒，但他从不在求仙拜佛中自我麻醉，也鄙视吟风弄月的无病呻吟，甚至也不像周敦颐、邵雍那样津津有味于天理人性的说教。他的一生著述，以策论、史论、兵法为主题，以切合实用为目标，字里行间都寄托着他的人生追求，希望当政者能“深晓其义施之于今”（《上韩枢密书》），从而对政治有所革新，使国家走上富强。

欧阳修在《荐布衣苏洵状》中说：“其论义精于物理而善识权变，文章不为空言而期于有用。其所撰《权书》《衡论》《几策》二十二篇，博于古而宜于今，实有用之言，非特能文之士也。”但像欧阳修这样理解苏洵的，毕竟是少数，那些权贵们虽然也喜欢他的文章，但不过是一知半解，并不重视，这就是为什么苏洵在当时虽然文名大盛，仍然仕途失意的原因。

也正因此，终其一生，他在政治上也没什么大的作为。

在苏洵政论文章当中，《权书》是比较有代表性的一篇。虽经年月，仍为世人所用。《权书》不仅在苏洵的全部著作中占有重要地位，也是我国古代论说兵法和权谋的一部重要著作。它集治道、兵法、史论于一体，具有广泛而深厚的思想内容。

全书十篇之中，有不少迥异于古人、超绝于时俗的崭新的见解，即使在今天，仍然没有失去它的智慧的光辉。比如在书前小序中，一开头他就表现出与世俗之儒的不同：有人说过这样的话："信奉儒家学说的人是不谈论兵法的，因为仁爱正义的军队，不讲究战略战术就自然会取得胜利。"

苏洵非常不同意这种观点，他提出了这种说法——假如仁爱正义的军队果真不讲究战略战术就自然会取得胜利的话，那么周武王为什么还要用姜太公的计策谋略呢？而且在牧野之战中，武王率仁义之师还要经过四五次乃至六七次的战斗，然后才能获胜而停止战争，这里如果用的不是正确的战略战术，那又是什么呢？

这种观点在当时不能不说是惊世骇俗的言论，为世俗之儒者所断不敢言。其他像《心术篇》中提出："只有正义才可以激发士兵，士兵出于正义而发怒，就可以百战不殆。"因而要想让士兵保持不懈的斗志，就应当使他们在胸中经常聚积着对敌人的愤怒，这就是黄帝之所以七十战而士兵仍不厌倦的原因。

在《孙武篇》中，他从理论与实践相统一的观点出发，将孙武与吴起作了比较，指出：孙武的书"语言精炼而意思详尽"，天下所有的兵法理论都可在其中找到本源，但他带兵打仗却不能每战必胜，甚至最后失败；而吴起的书虽然远不及孙武，但他却是一位常胜将军，所到之处都能取得成功。所以说书上的理论是不能完全相信的，更何况那些只会背诵《孙子兵法》教条的人，怎么可以让他们来带兵打仗呢？

又如他在《六国论》中所说的：“六国的灭亡不是因为军队不强、作战失利，最重要的在于拿土地贿赂秦国。贿赂秦国，自己的力量就会削弱，这是一条亡国的道路。”“奉送给秦国的土地越多，他对你的侵略就越厉害。”苏洵又说：“假使以全中国这样大的国家，却重蹈六国灭亡的覆辙，这就比当年的六国又差得更远了。”

在《项羽篇》中他说：“项羽有夺取天下的才能，而没有夺取天下的谋略；曹操有夺取天下的谋略，而没有夺取天下的度量；刘备有夺取天下的度量，而没有夺取天下的才能。”

他又说："我从巨鹿之战中就看出项羽的谋略缺乏远见，度量不够宽大，未曾不对他很晚才死在垓下感到奇怪。""诸葛亮放弃荆州到西蜀去，从这个行动看，我就知道他不可能统一天下。"

苏洵的这些观点，无论放在当时还是现在，都确实是"标新立异"的思想。如果当政者能够认真对待，就会有振聋发聩之效，收大开茅塞之功。但当时的现实却是理学方兴、政治保守、对敌妥协、但求苟安。在这样的环境中，苏洵这种带有离经叛道色彩的思想是绝对不可能得到统治者青睐的，更何况他有些文章确实有借题发挥、以古喻今、指桑骂槐的嫌疑呢！

所以，苏洵一生不得志，也就是必然的事了。

第二十二章　铮铮傲骨

京师扬名之后，按理说，苏洵应该平步青云，踏上美好的仕宦之旅，可现实却并非如此。因为苏洵不肯媚俗，他在不知不觉中，又得罪了好多人，其中就有知制诰王安石和宰相富弼。

欧阳修举办牡丹宴，遍邀京城名士。席上，欧阳修请苏洵发言，苏洵大谈朝廷局势。

当时李元昊（西夏开国之君）在西方起兵，富弼主张用金钱换和平。对于这种行为，苏洵很不以为然。苏洵认为，对待西夏，只有用战争取胜，而不能走贿赂路线。在《六国论》中，苏洵说“苟以天下之大，下而从六国破亡之故事，是又在六国下矣”，就差没有直接说执政者是卖国求荣了。那些中下级官员和普通百姓，对于苏洵的话都极力赞扬，可掌权的富弼听了苏洵的话却很是生气。

通过吃喝不仅能判断一个人的身体状况，还能窥视一个人的内心世界。

王安石是个怪人，不易与人相处，而且特别不注重自己的形象。比如他喜欢吃鹿肉丝，在吃饭时他就不吃别的菜，只把那盘鹿肉丝吃光了。后来，有下人不小心将鹿肉丝摆在了桌子的另一边，结果王安石又将离他最近的一盘牛肉吃了个精光，尽管桌子上还照常摆着鹿肉丝，可他却竟然不吃，人们这才知道王安石只吃离他最近的菜。

王安石和苏洵政见不同，他批评苏洵是书生之见，见识短浅。苏洵就写了一篇文章《辨奸论》，锋芒直指王安石，其中就谈到了王安石的吃。

针对王安石在衣食方面的生活细节，苏洵在《辨奸论》里说："夫面垢不忘洗，衣垢不忘浣，此人之至情也。今也不然，衣臣虏之衣，食犬彘之食，囚首丧面而谈诗书，此岂其情也哉？凡事之不近人情者，鲜不为大奸慝。"苏洵认为，要了解一个人的性格其实是很难的，因此，只有冷静观察才能看透人的性格，这观察的切入点就是他的衣食。他这种"辨奸"方法或许有几分道理：人若太与众不同，可能真会有些问题。

苏洵在《辨奸论》中并斥责王安石之流为朝廷奸邪之人：

事有必至，理有固然。惟天下之静者，乃能见微而知著。月晕而风，础润而雨，人人知之。人事之推移，理势之相因，其疏阔而难知，变化而不可测者，孰与天地阴阳之事。而贤者有不知，其故何也？好恶乱其中，而利害夺其外也！

昔者，山巨源见王衍曰："误天下苍生者，必此人也！"郭汾阳见卢杞曰："此人得志，吾子孙无遗类矣！"自今而言之，其理固有可见者。以吾观之，王衍之为人，容貌言语，固有以欺世而盗名者。然不忮不求，与物浮沉，使晋无惠帝，仅得中主，虽衍百千，何从而乱天下乎？卢杞之奸，固足以败国，然而不学无文，容貌不足以动人，言语不足以眩世，非德宗之鄙暗，亦何从而用之？由是言之，二公之料二子，亦容有未必然也！

今有人，口诵孔、老之言，身履夷、齐之行，收召好名之士、不得志之人，相与造作言语，私立名字，以为颜渊、孟轲复出，而阴贼险狠，与人异趣，是王衍、卢杞合而为一人也。其祸岂可胜言哉？夫面垢不忘洗，衣垢不忘浣，此人之至情也。今也不然，衣臣虏之衣，食犬彘之食，囚首丧面而谈诗书，此岂其情也哉？凡事之不近人情者，鲜不为大奸慝，竖刁、易牙、开方是也。以盖世之名，而济其未形之患。虽有愿治之主，好贤之相，犹将举而用之。则其为天下患，必然而无疑者，非特二子之比也。

孙子曰："善用兵者，无赫赫之功。"使斯人而不用也，则吾言为过，而斯人有不遇之叹，孰知祸之至于此哉？不然，天下将被其祸，而吾获知言之名，悲夫！

王安石看到苏洵的这篇文章，自然十分生气，所以当欧阳修举荐苏洵时，他就不遗余力地对苏洵进行人身攻击。

宰相富弼一开始对苏洵也有所期待，可看到苏洵如此不识时务，屡次公开批评自己制定的国策，对苏洵也变得反感起来。

当宋仁宗暗示想提拔苏洵的时候，富弼表态："苏洵专门劝人用杀戮来确立威信，想要当官未免太急切了。"富弼对苏洵主战的政策不予置评，而攻击苏洵热衷功名求官心切，操守问题严重。宋仁宗听后，也就放弃了提拔苏洵的念头。

苏洵晚年虽然彻悟，对于功名不大在意，可看到两个儿子少年成名，前途远大，苏洵心中又是欢喜又是担忧。相对而言，长子苏轼才华横溢却又锋芒太露，待人真诚却又心无城府，见识卓绝却又不屑韬晦，许多方面和苏洵很像。正是看到了长子苏轼这个性格特征，苏洵才说“吾惧汝之不外饰也”！

次子苏辙虽然才学略逊兄长，可性格沉稳许多，颇像端庄宽仁的夫人程氏，反倒让苏洵放心。后来，苏轼因直言己见，在新旧两党的争斗中秉持自身的原则，不同流合污，结果新党执政时遭遇“乌台诗案”，保住一命后又是被贬黄州，又是被贬海南，饱受飘零之苦。而苏辙虽然一度受到兄长苏轼的牵连，却能够三缄其口，懂得明哲保身，所以虽然名声不如兄长，可到了元祐年间，却官至门下侍郎，拜相执政。俗话说“知子莫若父”，苏轼、苏辙两兄弟的命运，一切都如苏洵所料的那样。

后来，苏轼写了一首诗，表达了对自己孩子的期望：“人皆养子望聪明，我被聪明误一生。惟愿孩儿愚且鲁，无灾无难到公卿。”苏洵对儿子的期望与此相同，可谓是可怜天下父母心。

第二十三章　才星陨落

苏洵是有政治抱负的人。他说他作文的主要目的是“言当世之要”，是为了“施之于今”。曾巩曾说，苏洵“颇喜言兵”，苏洵虽然不像孙子那样，以兵家名世，但他却对兵法颇有研究。苏洵一生布衣，从未掌兵，但他却提出打速决战、突击取胜避实击虚、以强攻弱、善用奇兵和疑兵等战略战术原则。

苏洵为文，以雄奇为主，富于变化。他的文章语言古朴简劲、凝练隽永，但有时又能铺陈排比，尤善作形象生动的妙喻，如《仲兄字文甫说》，以风水相激比喻自然成文的一段描写，即是一例：

洵读《易》至《涣》之六四曰：“涣其群，元吉。”曰：嗟夫，群者，圣人所欲涣以混一天下者也。盖余仲兄名涣，而字公群，则是以圣人之所欲解散涤荡者以自命也，而可乎？他日以告，兄曰：“子可无为我易之？”洵曰：“唯。”既而曰：请以文甫易之，如何？

且兄尝见夫水之与风乎？油然而行，渊然而留，渟洄汪洋，满而上浮者，是水也，而风实起之。蓬蓬然而发乎大空，不终日而行乎四方，荡乎其无形，飘乎其远来，既往而不知其迹之所存者，是风也，而水实形之。今夫风水之相遭乎大泽之陂也，纡余委蛇，蜿蜒沦涟，安而相推，怒而相凌，舒而如云，蹙而如鳞，疾而如驰，徐而如徊，揖让旋辟，相顾而不前，其繁如縠，其乱如雾，纷纭郁扰，百里若一，汩乎顺流，至乎沧海之滨，磅礴汹涌，号怒相轧，交横绸缪，放乎空虚，掉乎无垠，横流逆折，溃旋倾侧，宛转胶戾，回者如轮，萦者如带，直者如燧，奔者如焰，跳者如鹭，投者如鲤，殊状异态，而风水之极观备矣！故曰："风行水上涣。"此亦天下之至文也。

然而此二物者岂有求乎文哉？无意乎相求，不期而相遭，而文生焉。是其为文也，非水之文也，非风之文也，二物者非能为文，而不能不为文也，物之相使而文出于其间也。故曰：此天下之至文也。今夫玉非不温然美矣，而不得以为文；刻镂组绣非不文矣，而不可以论乎自然。故夫天下之无营而文生之者，唯水与风而已。

昔者君子之处于世，不求有功，不得已而功成，则天下以为贤；不求有言，不得已而言出，则天下以为口实。呜呼，此不可与他人道之，唯吾兄可也。

另外，在《上田枢密书》中，苏洵也自评其文兼得"诗人之优柔，骚人之情深，孟、韩之温淳，迁、固之雄刚，孙、吴之简切"。

苏洵论文见解精辟，他主张文章应“有为而作”，“言必中当世之过”；强调文章要“得乎吾心”，写“胸中之言”。除此之外，他还探讨了不同文体的不同写法和共同要求，特别善于从作品比较中品评各家散文的风格与艺术特色。

苏洵作诗不多，擅写五言古诗，质朴苍劲。宋人叶梦得评其诗“精深有味，语不徒发，正类其文”。其《忆山送人》《颜书》《答二任》等都不失为佳作，但总的成就远逊于散文。

在宋代以多种版本流行的苏洵著作，原版本大都散佚，今存的有北宋刊《类编增广老苏先生大全文集》残卷。通行本有《嘉祐集》十五卷、《四部丛刊》影宋钞本。

苏洵为官后，被礼部抽调纂修《太常因革礼》，因为这不是一个常设机构，工资无处开销，于是就把他的职衔转到霸州文安县，按县主簿待遇领工资。

苏洵精通《太玄》，所著《易传》尚未完成即病重，命子苏轼述其志写完《易传》。苏轼为一代文豪，却很少有人知道他也是一个“易学大师”。

其实早在幼时，苏轼便随眉山道士张易简读书学“易”，少年时欲入山林当道士，终生与道士高人交往频繁，深晓《周易》占卜和“胎息”养生之术，并自称“铁冠道人”。

苏轼于四十三岁被贬官于黄州时开始撰写《易传》，此后不断修改，直到生命垂危之时才修改完毕。

他的认知方法、执政思想深受《易经》影响，诗词文赋也因此而愈加高深玄妙，后人不解“易”理，常常只识皮毛。然而苏轼去世之后，这部凝聚了苏家父子两代人心血的著作却遭到蔡京等人劈版禁毁，这本《易传》便被改头换面，以《毗陵易传》（“毗陵”为苏轼去世之地常州别名）悄然印行于世，

因此罕为人知。

治平三年（公元1066年）四月二十五日，五十七岁的苏洵病逝于京师。

朝野之士为其作哀词铭诔者有一百三十三人。

欧阳修曾为他作《老苏先生墓志铭》（节选）：

初，修为上其书，召试紫微阁，辞不至，逐除试秘书省校书郎。会太常修纂建隆以来礼书，乃以为霸州文安县主簿，使食其禄，与陈州项城县令姚辟同修礼书，为《太常因革礼》一百卷。书成，方奏未报而以疾卒。实治平三年四月戊申也，享年五十有八。

六月，官船载着苏洵遗体，由苏轼、苏辙扶护出都城，苏轼妻王弗灵柩亦随载而行，自汴入淮，溯江而上，抵达江陵。

十二月，入峡，沿着水路，于第二年四月护丧还家，八月，二子尊父命，与其母合葬于彭山县安镇乡可龙里。

苏洵死后，朝廷追赠苏洵为光禄寺丞。苏洵怀有不世之才，却一生屡遭名落孙山的重创，但他胸怀锦绣，文采斐然，把丰厚的思想遗产留给了后人。